KB043487

통일 전략을 묻다

남북한의 평화적인 민족 통일을 위한 제언

통일 전략을 묻다

남북한의 평화적인
민족 통일을
위한 제언

장재철 지음

동녘

평화적인 민족 통일의 요체는
남북 체제공존이다

이 땅에 사는 모든 사람들의 소원이 통일인데도 반세기가 훨씬 지나도록 통일이 이루어지지 않고 있다.

이제 통일을 이루기 위해서는 이 불가사의한 현실의 과정과 모습들을 되돌아보고 그 근원적인 문제점을 규명해볼 필요가 있다.

남과 북으로 갈라진 우리 민족은 마땅히 분단을 극복하여 통일을 이룩하는 데 온 힘을 쏟고 모든 노력과 지혜 정성을 기울여야 하는데도 불구하고 남북은 70년이 지나도록 각각 오직 자기 체제를 유지하기 위한 전략을 고수하는 타협 없는 남북대결에만 집착해온 것이 그동안의 남북 분단 과정이다.

따라서 통일을 이루는 길은 끊임없이 반복되어온 남

북대결을 청산해내는 데서 찾아야 하고 이 민족대결의 청산 방안을 모색하는 것이 무엇보다 중요하다.

그러나 불행히도 남북의 대립과 대결은 절충이나 타협이 불가능한 체제대결의 내용과 성격을 지니고 있어서 해결하기 어려운 숙명적인 대결이 되고 있다.

이 숙명적인 대결을 청산할 수 있는 방안은 자명한 문제로 더 이상의 체제대결이 아닌 체제공존의 방안을 모색하는 방법밖에 없고, 남북이 체제공존 방향을 지향하는 해결 방안을 추구해야 하는 것은 너무나 당연한 사리이다.

남북 체제공존 정책이 남북대결을 청산하고 통일을 이루는 유일한 방법이고, 이러한 방법을 실현할 수 있는 방안이 우리 민족의 통일방안이다.

80년대에 들어서면서 남북 당국 간에도 점차 이 체제공존의 통일방안이 제안되거나 또는 이를 협의하고 논의하는 남북대화를 갖기에 이르렀다.

그러나 남북 간의 체제공존에 관한 이러한 논의나 대화마저 대결의 일환이나 그 수단으로 이루어짐으로써 아직도 남북대결을 청산하지 못하고 있고 남북관계가 더욱 격화되고 있는 실정이다.

따라서 평화공세에 지나지 못하는 남북공존 방안이

아니고 숙명적인 남북대결을 청산할 수 있는 남북 체제 공존의 실질적이고 현실적인 구체적 방안 마련이 민족화합을 도모하고 통일을 이룩하는 데 가장 중요하고 절실한 문제가 된다.

이러한 구체적인 체제공존 방안과 관련 북한이 1980년 10월 10일 고려민주연방공화국 방안을 제안한 것과 남한이 점진적 통일방안을 제시한 것은 어쨌든 구체적인 체제공존 방안을 협의하려고 노력한 것은 사실이다.

그러나 통일의 최종단계를 체제통합으로 설정하느냐 아니면 끝까지 체제공존 관계를 유지하느냐 하는 정책적 관점에서 남북한의 통일전략은 본질적으로 다르기 때문에 대화가 합의를 이루기가 어렵고 남북대결을 청산하기가 쉽지 않을 것으로 본다.

따라서 6.15공동선언에서 남북이 북한의 낮은 단계의 연방제 안과 남한의 연합제 안을 협의할 수 있는 원칙적 합의를 갖게 된 것은 민족화합과 남북통일을 향한 획기적인 발전이라 할 수 있다.

아무튼 체제공존의 구체적인 방안을 협의하는 대화를 하는 것은 남북관계가 대결을 지속하면서도 한편 민족통합과 통일의 방향으로 한층 가까이 다가서는 발전을 이루어가는 길이라고 본다.

앞으로 이 구체적인 통일방안에 관한 남북 당국 간의 대화는 대체로 남측의 여러 형태의 연합제 안과 북측의 낮은 단계의 연방제 안 및 고려민주연방공화국 안 등을 중심으로 한 협의가 진행될 것으로 예상되지만 그러나 신속한 통일 실현, 한반도 평화의 확실한 보장, 시급한 북핵 현안 등의 문제 해결을 위해서는 국가연합 형태의 통일방안이 가장 바람직하고 적절한 방안이 될 것으로 본다.

하지만 통일에 한층 충실한 내용을 지닌 위 통일방안들이 신속한 통일 실현을 이루어낼 수 있게 된다면 더없이 훌륭한 방안이 되는 것은 물론이다.

그러나 필자는 오래전부터 국가연합 성격의 통일방안만이 끊임없이 지속되는 남북대결을 청산하고 통일로 갈 수 있는 가장 합리적인 방안이라는 소신을 지녀왔고, 현실적으로 통일을 이루어내기 위해서는 분단 고착화의 통일방안을 모색해야 하는 이율배반적인 통일 전략이 불가피하고 필요하다는 의견을 가져왔다.

또한 북한의 핵문제도 이와 같은 남북관계의 근원적인 차원에서 모색되는 해결방안이 실현가능한 효과적인 해결방안이 될 수 있다는 판단을 해왔다.

이에 따라 필자는 현 정부의 한반도신뢰프로세스 통

일정책이 북핵문제를 해결하고 남북관계를 발전시킬 수 있는 방안이 아니라고 보고 나름대로 생각하는 북핵문제 해결방안을 정부 당국에 두 번씩이나 국민 정책제안 형태의 통일정책으로 제안한 바 있다.

두 번씩이나 정책 제안을 하게 된 이유는 이 정책이 채택될 수 있으리라는 기대보다는 통일정책처럼 중요한 국가정책은 국가나 국민의 운명을 좌우할 수도 있는 주요정책이기 때문에 모름지기 국민의 많은 의견이나 견해 등이 분출되어 반영될 필요가 있다고 보았기 때문이다.

또한 이와 같이 국가정책의 입안이나 시행에 국민의 여러 의견이 반영되면 국민의 지지를 받는 강력한 정책 시행이 될 수 있고 특히 정책 입안이나 시행에 국민의 여러 의견이 반영되는 형태가 되면 국가 주요정책이 혹시라도 정권의 속성, 정서, 이해관계 등의 영향으로 인해 잘못된 방향의 시행이 이루어질 수 있는 가능성이나 위험을 제거하고 예방할 수 있는 방안이 될 수 있다고도 보았다.

수십 년이 지나도록 통일이 이루어지지 않고 있는 역사적 사실에 비춰 통일정책이나 그 시행에는 민족의 순수한 통일의지의 반영이나 영향이 절실하게 요구된다고 할 수 있다.

이를 위해서는 무엇보다 국민의 사회적 통일논의의 활성화가 필요하고 긴요하다.

활발한 통일논의 활성화를 통해 올바른 통일정책 등이 마련될 수 있고 무엇보다 올바른 통일여론을 형성하여 통일을 열어갈 수 있는 강력한 통일의 힘을 발휘할 수 있기 때문이다.

본서의 출간 목적도 통일문제의 학문적 과제를 다루자는 저서가 아니고 하나의 통일운동의 취지로 통일 실현에서 절실하게 요구되는 위와 같은 사회적 통일논의의 촉진이나 그 촉구에 뜻이 있다.

아무튼 보잘것없는 이 소책자가 그 취지대로 우리 사회의 통일논의 활성화에 약간이라도 보탬이 될 수 있기를 바라고 아울러 개인적인 논술문에 지나지 않는 필자의 글을 단행본으로 출판하는 데 동의해준 동녘출판사 이건복 대표에게 경의와 감사의 마음을 드린다.

2016년 8월
서울 방화동 시민
장재철

차례

1

민족 분단의 성찰

우리는 같은 민족이 혈육의 상봉마저 불가능한 분단의 아픔을 안고 살아가는 민족적 비극을 70년이 넘도록 겪고 있다.

이 같은 인위적인 혈육의 단절은 인류사회 어디에서도 달리 찾아보기 어려운 반인륜적 처사로서 이유가 무엇이든 이처럼 인간의 기본적인 생존권이 훼손된 비극적인 분단문제를 해결하지 못한 채 치욕적인 수준의 생활을 감내하며 살아가는 것은 민족으로서 수치스러운 일이 아닐 수 없다.

분단이 우리 민족에게 얼마나 많은 고통을 주고 있는가를 헤아린다면 실로 민족 전 구성원의 모든 생활에 끼치는 엄청난 고난이라고 해야 할 것이다.

이것을 결코 민족의 숙명이라고 할 수는 없고 해방 당시의 남북분단, 국제관계 등의 요인 및 기타 여러 정치세력과 주장의 대립으로 인한 정치적 혼란 속에서 민족분단을 극복하지 못한 부끄러운 민족적 수준과 품격을 자탄해야 하는 문제이다.

일제 식민지통치시대에 나타났던 반민족적 성향, 즉 개인의 영달과 정치적 야욕 충족을 위해 일제 침략세력과 야합하여 민족의 주권을 팔고 자주성을 말살했던 반민족적 성향을 척결하지 못한 우리 민족의 허약한 민족성이 해방정국에서도 여전히 작동하고 이러한 반민족공동체적인 작용이나 영향, 세력을 청산하고 벗어나기엔 민족적 능력이 여전히 한계가 있었다고 보게 된다.

민족사에서 외침을 비롯한 모든 반민족적 사태나 상황은 항상 우리 민족의 약점이라 할 수 있는 민족 내부의 반민족 세력 또는 투철하지 못한 허약한 민족성을 이용하거나 야합하여 이루어지는 경향이 현저히 나타났다.

1. 남북의 국가적 분단 과정

우리 민족에게 형언할 수 없는 고난을 지우고 있는 분단의 과정과 오늘에 이르기까지의 분단 상황을 살피게 되면 우리 민족의 공동운명체적인 존립능력이나 자질 또는 민족공동체를 지킬 수 있는 자결능력이 너무 취약함을 통감하게 되고 민족의식의 통렬한 각성을 절감하지 않을 수 없게 된다.

단일민족인 우리 민족이 남과 북으로 갈라지게 된 경위를 살펴보면, 이 남북분단의 근원적 요인은 상이한 정치체제의 갈등과 상충이고 두 개의 정치사회체제가 대립하는 데서 발생한 분단임을 알 수 있다.

제2차 세계대전 결과 한반도에 진주한 전승국 미국과 소련이 일본군의 항복을 받는 행정업무를 수행하는 절차에서 한반도를 38선을 기준으로 남과 북으로 분할하여 미, 소가 따로 업무를 수행하기로 한 단순한 합의가 분단의 시작으로 알려진다.

그러나 불행히도 통합이 불가능한 상이한 정치사회체제를 가지고 있던 미국과 소련은 서로 점령하고 있던 남과 북에 각각 자유민주 정치체제와 사회주의 정치체제의 두 개의 국가를 수립하는 결과를 가져왔다.

이처럼 어이없는 경위로 인해 우리 민족은 민족의 의지와는 관계없이 두 개의 국가로 분단되는 운명을 맞게 되고 민족분열의 고착화를 강요받는 불운을 안게 되었다.

이와 같이 한반도가 두 개의 국가로 분할된 것이 움직일 수 없는 역사적 사실로 고착되게 되었지만 외세와 연계된 남과 북의 두 정치세력은 이러한 분단을 거부하고 각각 한반도를 서로 일방적인 자기 체제로 통일하려고

대결해온 것이 지금까지 70년에 걸친 민족의 남북 분단
사이다.

그러나 이러한 분단의 역사에서 남북 민족은 다 같이
민족의 주체성 및 기본적인 생존과 존립이 부정되었던
분단 사태를 저지하지 못한 부끄러운 민족분열을 다시
되돌아보고 무엇이 잘못인가를 성찰할 수 있어야 하고
지금부터라도 분단을 극복하여 민족통일을 이룰 수 있는
길을 찾아가는 역사적 교훈을 터득하지 않으면 안 된다.

부연하면, 70년에 걸친 남북의 끝없는 체제 대결을 통
해 얻은 것은 온갖 민족의 고난과 아픈 상처와 손실뿐이
고, 민족통일이나 한반도 평화가 아닌 첨예한 남북대결
과 핵전쟁의 위협을 받는 위험한 결과를 가져왔다는 엄
연한 역사적 사실을 되돌아보고, 냉철하게 성찰함으로
서, 이 비이성적인 대결을 조속히 청산하여, 체제대결이
아닌 체제공존의 새로운 방향의 남북관계에서 민족통일
을 이룩할 수 있는 길을 찾기 위한 지혜와 역사적 교훈을
터득할 수 있어야 한다.

다시 말해, 당초 우리 민족에게 분단이 강요되었을 때
남북이 이를 거부하고 체제대결을 벌일 것이 아니라 차
라리 엄중한 분단사실을 불가피한 현실로 받아들이고,
남북이 서로 상대 체제를 인정하는 민족적 협의를 통해,

체제공존으로 민족화합을 도모하고 공동번영을 추구하는 이성과 지혜를 발휘했더라면, 그동안 남북대결로 인해 겪었던 온갖 고통과 고난 비애와 민족적 손실 등을 받지 않아도 되었을 것이고, 불필요한 이런 고난 대신 민족의 평화와 행복을 누리며 공동번영을 이룩하여, 어쩌면 지금쯤이면 연방제와 같은 단일국가 수립도 가능한 결과가 올 수도 있었을 것이다.

이와 같은 역사적 교훈을 터득하여 민족통일의 길을 찾기 위해 지나온 남북관계를 냉철하게 성찰해볼 필요가 있다.

일제 침략에 의해 치욕적인 민족적 불운을 겪었던 우리 민족은 연합군의 승리로 일제로부터 해방되기는 했으나, 전술한 바와 같이 이 해방은 곧바로 민족 분단이라는 또 다른 민족적 비극을 가져왔다.

복잡한 정치적 혼란의 격랑에 휩쓸렸던 해방정국에서 남한의 일부 지도자와 북한 간에 이루어진 남북협상으로 분단을 극복하고 통일정부를 수립하기 위한 노력 등이 없지는 않았지만 남북분단이라는 민족의 비극을 피할 수는 없었다.

남한은 8월 15일에, 북한은 9월 9일에, 약 한 달간의 간격으로 각각 단독정부를 수립한 남북의 두 정치권력은 이후 서로 상대를 부정하는 배타적인 적대적 대결을 벌리며 남은 북진통일, 북은 민주기지 전술이라는 통일 전략으로 각각 무력과 혁명에 의한 강제통일 수단으로 맞서면서 무력 충돌까지 우려되는 위험한 국면을 조성하다가 마침내 북한의 선제적 남침에 의한 비극적인 동족상잔의 6.25동란이 발발했다.

3년여의 전쟁 끝에 가까스로 휴전협정이 체결되었고 그 이후 한동안 남북관계는 평화적인 대결 상황을 이루었으나 쿠데타에 의한 군사정권 통치로 인해 다시 남북관계가 경직되고 이후부터 본격적인 남북대결이 시작되었다.

2. 남북대화의 성찰

따라서 본격적인 남북대립이 시작된 이후의 남북 접촉이나 대화 과정을 중점적으로 살피는 것이 남북관계나 민족분단에 대한 필요하고 유익한 성찰이 될 수 있다.

70여 년의 대립관계에서 남북은 평화를 향한 획기적인 합의나 절충을 이루지 못한 채 대결관계만 지속하면서도 여러 차례의 대화와 접촉을 통해, 7.4공동성명을 시작으로 수차례의 적십자회담을 통한 이산가족 상봉, 고위급회담 개최와 남북기본합의서 채택, 남북 정상회담 개최와 6.15공동선언 합의, 금강산사업, 2차 정상회담 개최와 10.4합의, 개성공단 사업 등 평화를 위한 다소의 성과를 거두거나 민족화합의 결실을 이루어내기도 하였다.

그러나 남북 간의 이런 접촉이나 대화는, 모두 남북이 시로 자기의 체제를 구현하고 유지하기 위한 전략 또는 자기 체제로의 통일을 쟁취하기 위한 분쟁의 대결수단이나 과정으로 이루어졌고, 따라서 이러한 동상이몽의 남북접촉이나 대화에 통일이나 남북관계 발전의 성과를 기대하거나 희망을 거는 것은 애당초 어리석은 일이었다.

이러한 남북 대화나 접촉 상황을 구체적으로 지적해 보면, 7.4공동성명의 남북조절위원회는 2년여 만에 결렬되고 말았고, 수많은 적십자회담을 통해 이루어낸 이산가족 상봉도 불과 몇 번에 불과했으며, 남북기본합의서도 그 거창한 내용이 일 년도 못 돼 파탄 나고 무의미한 선언으로 그치고 말았다.

치열한 남북대결 속에서 이루어진 남북 간의 합의나 약속, 공동선언 등이 이처럼 대부분 현실적으로 실현 또는 이행되지 않고 합의나 선언에 그치고, 아무런 효력이나 성과가 없는 무의미한 문서가 되어버린 영향으로 인해, 남북 간의 모든 대화가 전반적으로 그 필요성이나 중요성 또는 어떤 가능성 등이 상실되어버리는 보편적 인식을 갖게 하고, 남북 접촉에 더 이상 특별한 관심이나 기대를 두지 않게 되었을 뿐만 아니라, 남북대화에 대해 어떤 희망이나 기대보다는 회의적인 인식이 앞서는 지경에 이르렀다고 할 수 있다.

분단 과정에서 이루어진 모든 남북대화를 살피면, 대화가 통일이나 진정한 남북관계 발전에 뜻을 둔 것이 아니고, 남북 당국이 각각 정권 유지를 위해 국내정치에 통일을 이용하는 수단으로 이루어지는 경우가 대부분이었으며, 남북은 체제 대결 혹은 남북대결 전략의 수단 또는 그 일환으로 남북대화를 획책해왔음을 볼 수 있다.

예를 들어 분단사상 최초로 이루어진 7.4공동성명에서 이러한 현상을 구체적으로 살펴보면, 공동성명을 위한 남북의 이 접촉과 대화가 애초부터 공동성명의 취지나 정신에 뜻을 둔 접촉이 아니었고, 남북의 체제유지 또는 권력의 집권 강화를 염두에 둔 전략으로 이루어짐으로써, 대화에서 합의한 남북조절위원회는 2년도 못 가서 결렬되어 사라진 대신, 북에서는 유일체제 남에서는 10월 유신체제라는 집권연장과 독재체제 강화의 결과를 가져왔으며, 이에 따라 남북대결을 한층 격화시키는 상황으로 귀결되었다.

분단에 대처해온 대책, 정책 등의 일반적 기조나 성향 등과 관련 남한의 경우 만 살피면 70여 년의 분단과정 및 남북관계에서 군사정권 통치의 영향과 역할, 작용이 가장 큰 비중을 차지하고 있으며 이 군사 통치와 대북정 책에 의해 남북대결이 한층 격화되고 심화되는 분단 상 황이 조성된 것으로 볼 수 있다.

부연하면, 전반적으로 분단 과정과 남북대결에 가장 중요한 영향을 준 요인은 군사정권의 집권과 이 권력에 의한 반공정책 강화라 할 수 있고 이에 따라 남북대립이 더욱 악화되고 심화되는 분단과정이 형성되고 남북대결 이 극한적인 상황으로 고조되었으며 통혁당 사건을 비 롯하여 인혁당 사건, 기타 수많은 간첩 또는 간첩단 사건 등 남북관계 관련의 중요한 사건들이 모두 이 군사통치 시대에 발생했다.

다시 그동안 이루어진 남북대화 또는 접촉에 관한 논 의로 돌아가, 그 부정적 측면을 더 언급하면, 남북대화가 대화에 그치지 않고 실질적인 효과나 상당한 성과를 거 두는 경우에도, 남북대결 전략에서 필요하면 언제든지 이를 중간에 폐기해버리거나 중단시킴으로써, 그 성과가 무의미한 것이 되고, 다시 종전의 남북 상황으로 돌아가

버리는 것이 지금까지의 남북접촉 또는 대화의 과정이나 실상이고 결과였다.

3. 남북의 경제 협력 사업

남북대화가 실질적인 효과와 성과를 거둔 경우가 두 번 있었는데, 이 두 번의 경우가 모두 중도에 폐기되거나 중단됨으로써, 대화가 남북관계에서 아무런 의미를 가질 수 없게 되고, 단순한 대화나 접촉으로는 끝없는 남북대결만 반복될 뿐 남북관계를 개선하거나 향상 발전시킬 수 없다는 사실을 확인하는 결과만을 남기고 있다.

이러한 남북관계 현실을 더 구체적으로 살펴보면, 남북 분단사에서 역사적으로 높게 평가될 수 있는 두 개의 남북대화 성과는 금강산 관광사업과 개성공단 사업이었으나, 이 두 개의 경제협력 사업이 역사적으로 큰 의미를 갖는 사업이 되기 위해서는 단순한 경제 사업으로 끝나지 않고, 정치적 분야로 발전하거나 또는 발전할 수 있는 사태나 계기를 만들어, 한반도 평화와 남북통일에 유용한 정책이나 방안이 될 수 있어야 했는데, 전술한 바와 같이 두 사업이 모두 실패로 끝남으로써, 이 사업들의 정책적 목적이나 기대와 달리, 단순한 경제협력으로는 남북관계를 향상 발전시킬 수 없다는 것이 확실하게 판명되는 정책적 결과로 귀결되었다.

남북의 평화와 통일을 향한 한 가닥 기대와 희망이 물거품이 되어버리고, 남북대화에 파탄과 좌절을 가져온 것으로 보아야 하는 두 경제협력사업의 실패는, 치열한 대결관계에 있는 남북관계에서 예고되었던 결과라고도 할 수 있으므로, 남북은 이 협력사업의 실패를 계기로, 화해와 협력정책 추진을 통한 통일전략 추구는 불가능한 것으로 인식하고 정리할 필요가 있고, 통일을 실현시킬 수 있는 새로운 통일전략과 정책을 모색하여 추진하는 방향으로, 남북관계를 전환해야 된다는 당위성과 필요성을 일깨우는 사업으로, 이 사업들을 평가할 필요가 있다.

환언하면, 남북이 필요에 따라 경제협력 등의 협력관계를 추구하다가가도 전략상 이 관계의 지속이 불리한 상황에 이르면 언제든지 이 협력관계를 폐기해버리는 것이, 치열한 대결관계에 있는 남북관계의 특수성이라는 귀중한 교훈을, 두 경제 사업의 되풀이되는 실패가 가르치고 있다고 보아야 하고, 따라서 남북관계를 획기적으로 개선하고 향상 발전시키기 위해서는, 시행착오가 뻔한 전철을 더 이상 반복할 것이 아니라, 이러한 비합리적인 과정에서 조속히 벗어나, 남북관계를 새로운 방향으로 전환하는 역사적인 남북관계 전환이 이루어져야 한다.

냉철한 이성과 인식으로 돌아가 지금까지 진행되어온 모든 남북관계와 대화에 대한 미련을 버리고, 한반도 평화와 통일을 이룰 수 있는 새로운 방안을 모색하고 이를 실현할 수 있는 방향으로 남북대화와 남북관계를 전환하기 위한, 획기적인 남북관계 인식 전환이 통일 성취를 위해 절실하다.

그러나 남북관계는 여전히 악순환을 거듭하고 더욱 위험한 국면으로 치달으면서 새로운 방향으로 전환하지 못하고 있는 것이 오늘의 남북 현실이다.

4. 남북의 흡수통일 전략 대결

남북관계 발전에 일정한 한계가 주어져 있는 종래의 남북접촉이나 대화에 막연한 기대를 갖고 시행착오를 반복하는 것은 남북관계 발전에 아무런 도움이 되지 않고 오직 남북대결을 심화시키고 악화시키는 결과로 치닫게 되는 것이 지금까지의 남북관계 진행에서 엄연한 사실로 드러나고 있는데도 불구하고 남북관계가 여전히 이러한 과정과 계속적인 대립관계의 타성에서 벗어나지 못하는 것은 남북 당국이 서로 이러한 남북관계 상황 속에서 흡수통일의 기회를 노리거나 획책하려는 대결 상황으로 이해할 필요가 있다.

남북을 불문하고, 70여 년의 분단과정에 일관되게 작용하고 있고 모든 남북관계 문제에 관한 전략, 정책, 대책 등을 강력하게 지배하거나 좌우하고 있는 가장 중요한 요인은 흡수통일 전략이고, 남북 당국은 남북관계 대책 등의 문제를 모두 이처럼 흡수통일 전략 관점에서 인식, 검토, 고려해온 것으로 볼 수 있으며, 남북 분단과정은 바로 남북의 흡수통일 전략의 대결과정이라 할 수 있다.

이처럼 남북이 계속적인 대결관계에서 벗어나지 못하고, 상충하는 체제문제로 인한 대결관계 상황에서, 서로 자기 체제 유지를 위해 상대 체제를 붕괴시켜 자기 체제로 흡수하기 위한 흡수통일 전략으로 대결하고 있는 것이 남북관계의 현실이다.

요컨대 모든 남북관계 현상은 체제대결, 흡수통일 전략의 대결이라 할 수 있고 특히 흡수통일 전략을 둘러싼 대립이 남북관계의 핵심적인 상황이라 할 수 있다.

그러나 흡수통일 전략은 남북이 서로 가장 경계하고

견제하는 상호 견제관계에 있기 때문에 그 실현이 불가능한 문제로서 현명한 통일전략이 못 될 뿐만 아니라 민족양심에 배치되는 이런 전략은 민족의 평화적이고 순수한 통일의지를 짓밟는 죄악을 범하는 것이라는 인식을 남북의 관계 당국은 가질 필요가 있다.

남북은 서로 상대의 흡수통일 전략에 대해 높은 경계심을 갖고 여러 법적 제도적 대비책을 마련하고 한 치도 빈틈없는 철저한 수단을 강구하여 모든 전략을 집중하고 있는 것이 남북의 흡수통일 전략 대결이라 할 수 있다.

체제 구성원의 체제 이탈이나 체제 반대 등에 의한 체제 붕괴를 통한 흡수통일의 실현 가능성도 불가능하고 환상적인 문제로 인식하는 것이 현명하고, 이런 어떤 막연한 가능성이나 기대를 단념하는 것이 체제공존 평화통일의 신속한 실현을 위해 긴요하다.

북한 영역에서 시행된 두 경제 사업을 놓고 보아도 체제와 관련된 사건 발생 같은 것은 상상할 수도 없는 문제였으며, 비록 사업이 폐기되긴 했으나 사업의 시행과정은 순조롭게 추진되었고 폐기의 원인도 이런 사태와는 전혀 무관했다.

흡수통일 전략은 이와 같이 통일실현 가능성은 없으면서 평화적인 통일정책의 채택이나 추진 과정에서 이를 방해하고 지연시키는 등 평화적인 통일정책 추진에 부정적인 걸림돌의 작용을 톡톡히 하고 있는 것이 심각한 문제점이라 할 수 있다.

흡수통일 전략은 무력적 방법 등 힘에 의한 강제적 방안과 평화적인 방안이 있지만, 평화통일을 위한 남북대화나 접촉에 여러 부정적인 영향을 줌으로써 현실적으로 남북관계의 모든 문제를 낳고 있는 방안은 평화적인 흡수통일 전략이다.

하지만 남북관계에서 흡수통일 전략을 포함한 모든 일방적인 강제통합 방안 등은 남북이 상호 간에 이를 결코 허용하지 않는 철저한 견제관계가 형성되어 있는 것이 남북관계의 특수성이기도 하다.

또한 남북의 이런 상호 견제관계는 필연적으로 치열한 군비경쟁을 일으켜 남북 공멸로 치닫게 되는 사실이 남북관계에서 여실히 현실적으로 나타나고 있고, 핵전쟁의 위험한 한반도 상황도 모두 이런 남북대결에서 발생한 결과이다.

흡수통일 전략의 가능성 기대에 대한 막연한 희망을 버리고 남북문제를 새롭게 검토하고 남북관계의 획기적인 전환을 모색해야 하는 이유이다.

5. 남북관계의 획기적인 전환의 필요성

남북관계가 지향해야 할 새로운 방향은 남북이 대결하지 않고 함께 추구할 수 있는 통일방안을 합의하고 추진하는 평화체제의 추구라는 것은 당연하고, 이러한 평화체제를 실현할 수 있는 방안은, 계속되는 남북대결이 모두 체제대결이었기 때문에 체제대결이 아닌 체제공존 방안으로 남북의 평화와 통일을 추진하는 것이 남북이 대결하지 않고 평화와 통일을 이룰 수 있는 방안이고, 통일방안 또한 남북 체제공존 통일방안이 되어야 하는 것은 지극히 자명한 이치이다.

체제대결의 남북관계에서 체제공존 방안으로 평화체제를 지향하고 추구해야 하는 것은 이처럼 70여 년의 분단 과정을 통해 터득하게 되는 귀중한 민족이성, 민족양심, 민족평화의 절대적인 요구이다.

그리고 이처럼 남북의 평화와 통일을 지향하기 위해 남북관계를 체제공존의 방향으로 전환시켜야 하는 문제는 인식의 문제가 아니라 의지의 문제이다.

특히, 이와 같이 남북 체제공존의 평화를 추구하는 방향으로 남북관계를 전환하고 남북 체제공존 통일방안을 추진하는 데는 누구보다 남북 당국의 역할과 책임이 막중하며 따라서 이를 위한 당국의 엄중한 책임의식이 요구된다.

체제공존 통일방안의 합의에 민족의 모든 통일의지가 모아져서 남북의 안전한 체제유지가 서로 보장되는 제도적 통일방안에 대한 남북의 합의가 이루어지면 남북은 더 이상 대결할 필요나 이유가 없으므로 남북의 체제대결 문제가 해결되고 청산되어 남북의 평화와 통일이 이루어지고 한반도 평화가 해결될 수 있다.

이상과 같이 오랜 분단 과정과 그 결과가 주는 역사적 교훈에 따라, 지금까지와 같은 남북대화나 협력관계 등의 발전에 의한 평화증진을 통해 통일과 평화를 추진하려는 방안에 대한 더 이상의 기대나 희망을 접고, 체제유지 문제로 인한 남북 대립과 대결을 해소하고 청산할 수 있는 체제공존 통일방안을 추구하기 위한 이성, 지혜, 의지 등을 발휘해서 남북 체제공존 통일방안을 추진하는 새로운 방향으로 남북관계를 전환하는 발전을 반드시 이룩해야 하고, 이처럼 획기적인 남북관계 발전을 지향하는 역사적 획을 그을 수 있어야 한다.

남북관계의 근원문제인 체제 대결 문제를 해결하지 않고서는 남북관계의 발전이나 향상이 불가능하고 한반도 평화와 통일문제에 대한 어떠한 해결 방안도 불가능한 것이 남북관계의 특수성이라는 것을 명확하게 인식하는 것이 신속한 통일실현을 위해서 무엇보다 중요하다.

남북 간의 체제 대결을 해소하여 남북의 평화와 통일을 이룰 수 있는 방안은 남북 체제공존 방안 이외에 다른 방안이 없지만 이런 체제공존 방안은 여러 가지 형태가 있을 수 있으며 구체적인 남북 체제공존 방안은 남북 간의 대화를 통해 결정할 문제다.

최선의 체제공존 통일방안을 모색하고 합의하기 위한 남북대화에 남북 당국의 모든 노력과 지혜, 통일의지, 민족양심을 모으는 일이 민족통일의 가장 중요한 현안이 될 수 있어야 하고 이를 위한 남북대화가 반드시 이루어져야 한다.

이러한 민족적 요구를 실현하는 남북 당국의 역사적 책무를 다하기 위해서는 지금까지 견지해온 남북의 모든 일방적인 전략과 부질없는 욕심을 서로 버리고 남북 체제공존으로 남북의 안전한 체제유지가 서로 보장되는 체제공존 통일을 추진하기 위한 당국의 획기적인 인식전환과 강력한 민족의지 및 민족이성이 무엇보다 긴요하다.

남북한의 대화와 협력이 벽에 부딪히고 모든 남북관계가 단절되어 군사적 대치만 지속하고 있는 작금의 위험한 관계를 타개하여 남북관계를 정상화시킬 수 있는 방안 모색과 대책이 시급한 시점에서 위의 체제공존 통일방안 협의를 위한 획기적인 남북대화의 필요성이 더욱 절실하다.

뿐만 아니라 점차 신냉전시대로 빠져드는 한반도 상황 및 동북아 정세의 변화 속에서 한반도의 주인인 우리 민족의 당연한 권리와 이익을 확보하기 위해서도 종래의 남북대화 내용과는 본질적으로 다른 내용의 남북대화를 열어가기 위한 남북 당국 간의 협력과 노력의 필요성이 절실하고 절박한 형편이다.

6. 남북유엔동시가입의 의미

다시 남북 분단역사를 더 살펴보면, 한반도 분단사에서 남북의 합치로 볼 수 있는 두 개의 획기적인 역사적 결정이 이루어졌는데 1953년의 정전협정 체결과 1991년의 남북한유엔동시가입이다.

이 중에서도 남북한유엔동시가입은 현재 한반도 상황과 남북관계를 강력하게 규제하고 있는 국제적 합의 또는 결정으로서 매우 중요한 역사적 의미를 갖는 국제적 조치라 할 수 있다.

냉전시대 국제정세 영향을 크게 받아온 한반도가 탈냉전의 국제정세 변화의 새로운 영향을 받아 이루어진 것이 남북한유엔동시가입이라 할 수 있다.

　구체적으로, 국제정세가 치열한 이념대결을 내용으로 하는 냉전체제로부터 평화적인 탈냉전으로 전환되는 정세 변화의 영향을 받아, 한반도 상황에서도 평화가 요구되고 모색되는 영향과 전환과정에서 이루어진 것이 남북한유엔동시가입이다.

　정통성 시비 문제 등 치열한 남북대립을 빚어온 한반도에 남한과 북한의 두 개의 정부를 인정하고 확인하여, 남북의 대결관계를 평화관계로 유지 지향하려는 국제적 결정이 남북한유엔동시가입이라고 볼 수 있고 따라서 중요한 국제적인 법적 제도적 의미를 내포하고 있다고 할 수 있다.

　무엇보다 남북한유엔동시가입은 남북한의 국가적 분단을 국제적으로 확인하고 고착시키는 의미로 해석할 수 있고 이에 따라 남북의 통일문제도 국가연합형태의 방향을 제시했다고 볼 수도 있으며 기타 이런 형태의 통일을 위한 여러 국제적 여건이 형성된 의미도 부여될 것으로 본다.

　따라서 앞으로 한반도 통일문제 또는 기타 한반도 문

제 해결이나 추진 과정에서 이 유엔동시가입은 국가연합 형태의 통일방안에 의한 합의통일의 가능성을 한층 높이는 정책성을 함축하고 있는 것으로 볼 수 있다.

이 남북한유엔동시가입은 처음에는 남북이 다 반대했고 특히 북한은 유엔동시가입이 분단 고착화라는 이유로 반대하다가 결국은 이를 받아들인 사실은 남북통일과 관련해서 주목해볼 필요가 있다.

즉 이때 북한은 이미 남북의 국가적 분단을 인정하고 받아들였다고 보아야 하고 또한 남북 통일방안으로 국제법적인 국가연합 형태 통일방안의 국제적 합리성이나 불가피성을 인식하였을 것으로 볼 수 있기 때문이다.

요컨대 70여 년 전 우리 민족이 분단을 강요받았을 때 이를 거부하고 남북대결을 지속해온 결과가 오늘의 한반도 및 남북관계의 현실임을 성찰하고, 더 이상의 체제대결이 아닌 체제공존으로 남북의 공존공영을 도모하는 새로운 남북관계와 민족통일을 실현하기 위한 절박한 역사적 과제를, 남북한유엔동시가입의 국제적 상황에서도 탐색해보아야 한다. 이러한 국제적 상황에 부응하는 통일을 통해서도 단일민족인 우리 민족은 충분히 민족적 유대와 이익 및 통일의 혜택을 누릴 수 있기 때문이다.

2

남북관계의 현상

1. 평화협정 체결의 중요성

6.25한국전쟁의 연장선상에 있는 남북관계는 휴전협정 체결로 전쟁 상황은 정지되었으나 아직 평화협정 체결이 이루어지지 않았기 때문에 법적으로는 전쟁이 종식되지 않은 전쟁의 지속상태로 보아야 한다.

정전협정 체결에 의해 전쟁 상황은 휴전상태로 돌아가 실질적 전쟁상태는 일단 중지되었지만 평화협정을 통해 해결해야 할 많은 문제들이 법적 제도적으로 해결 정리되지 않고 모두 그대로 남아 있어 전쟁의 모든 상황이 완전히 종료되었다고 할 수 없으므로 법적으로 전쟁이 지속되고 있는 상황일 수밖에 없다.

휴전상태에 있는 남북관계는 이처럼 전쟁문제 해결 또는 협상과정의 중간단계에 머물고 있는 상태로 보아야 하기 때문에 전쟁이 끝난 것으로 볼 수도 있고 아직 끝나지 않은 것으로도 볼 수 있는 미묘한 상황에 있다고 할 수 있다.

전쟁은 항상 대결을 지속하려는 속성과 더욱 심화시키려는 위험한 속성들을 안고 있기 때문에 전쟁 상황이 완전히 해소 또는 종식되지 않고 있는 남북관계도 늘 전쟁 재발 위험이나 적대적 대결의 심화 등 위험하고 불안한 상황을 벗어날 수 없다.

향후 귀추와 귀결을 전망하거나 예측하기 어려운 불확실하고 불명확한 남북관계와 불안하고 위험한 한반도 상황이 빚어지고 있는 것도 모두 전쟁이 안고 있는 이 같은 위험한 속성 때문이다.

이러한 한반도 상황은 전쟁이 종식되어 평화의 방향으로 나아가게 되거나 반대로 또다시 전쟁이 발발하여 민족공멸의 방향으로 갈 수도 있는 중차대한 기로에 놓여 있다고 할 수 있다.

이처럼 불안하고 위험한 상황이 그동안 반세기가 넘도록 지속되어오다가 급기야 인류역사상 가장 위험한 핵전쟁 대결 상황을 한반도에서 조성하는 국면에 이르고 있다.

따라서 한반도에서 전쟁재발의 모든 위험을 제거하여 확실한 평화를 확보할 수 있는 방안과 대책 마련이 그 어느 때보다 시급한 시점이고 이를 위한 관련 당사국의 조속한 대화가 요구되는 상황이다.

전쟁 상황을 완전히 종식시킬 수 있는 법적 제도적 장치인 평화협정 체결이 한반도의 평화를 확보할 수 있는 방안이라는 것은 지극히 상식적인 문제다.

그런데도 이 평화협정 체결이 반세기가 넘도록 이루어지지 않고 있는 것은 참으로 불가사의한 일이 아닐 수 없다.

그동안 한반도 상황은 오랜 분단과정을 거치면서 여러 개별회담을 통해 평화협정 과제들을 이미 논의하거나 또는 일부 해결이 됨으로서 평화협정 체결의 필요성이 그만큼 많이 쇠진되었거나 또는 평화협정의 절실한 의미가 퇴색되어 그 체결이 불필요한 상황에 이르렀다고도 볼 수 있다.

또한 평화협정 과제들을 평화협정 체결이 아닌 다른 개별회담으로 협의 또는 해소, 해결하는 방향으로 흐를 가능성도 매우 높다.

특히 남북통일 문제는 한국전쟁의 원인이 되는 문제로서 평화협정의 주요 과제가 되는 문제이지만 앞으로 이 통일문제는 남북회담을 통해 협의하게 되리라는 것이 거의 기정 사실이다.

또한 북핵문제도 남북 군비 감축문제의 핵심문제로서

평화협정의 가장 중요한 내용이고 과제가 되는 문제이지만 이 북핵문제 역시 북미회담을 통해 해결해야 할 과제가 되고 있다.

그러나 한반도의 분쟁관계를 평화관계로 전환시키기 위한 전체적인 결정적 전략 수단으로서 평화협정이 지니는 중요성은 아직 상존한다고 본다.

특히 민족공멸을 가져올 위험한 핵전쟁이 우려되는 상황에서 어떤 형태로든 평화협정 체결은 더 이상 좌고우면할 문제가 아니다.

현재와 같은 위험한 한반도 상황에서 전쟁을 종식시키기 위해 필요한 법 절차인 평화협정 체결을 관련 당사국들이 회피하는 것은 이성적으로 이해하기가 어렵고 그럴 만한 필요나 이유가 있으면 체결 과정을 통해 해결해야 하고 그 과정에서도 해결의 길이 없으면 그때 가서 체결을 파기하면 되는 문제로 인식된다.

북한의 핵 포기를 압박하기 위해 평화협정을 거부하는 자가당착적인 전략은 북한이 핵무장을 강화하는 위험한 결과를 초래할 뿐 결코 이성적이고 현명한 대책이 아니라고 본다.

남북관계 발전의 측면에서도 평화협정이 체결되지 않고선 결코 남북의 적대적 대결의 지속과 심화를 피할 수 없고, 모든 정전협정 체계와 상황을 처리하고 완결하는 한반도의 완전한 평화적 해결을 이룩할 수 없다.

즉 남북관계를 평화적으로 발전시키고 통일을 이루기 위해서는 남북이 평화협정 체결을 통해 남북의 평화적인 통일방안을 합의하고 실현하는 것이 필수적인 과정이고, 이것이 한반도 및 민족의 평화회복과 통일 과정의 중심적이고 핵심적인 부분이다.

평화협정 체결은 한반도 평화는 물론 남북 민족의 평화와 민족통일을 비롯해서 민족의 번영 등 모든 문제에 걸치는 문제로서 민족의 운명을 가르는 문제라고 해도 과언이 아닌 중대한 역사적 과제이다.

2. 남북 체제대결 청산과 체제공존의 당위성

반세기가 넘도록 위험한 적대적 대결을 지속하면서도 이 대결을 청산하기 위한 평화협정 문제를 해결하지 못하고 있는 것은 한반도의 이해관계가 그만큼 복잡한 탓도 있겠지만 아마도 남북이 상호 전쟁 상태의 지속에서 흡수통일의 기회를 노리려는 의지와 전략을 서로 버리지 않고 있는 탓이 더 클 것이라 본다.

남북을 막론하고 남북관계 주도적 세력이나 계층의 통일의식이나 통일 관념을 지배하고 있는 흡수통일 전략에 대한 환상이 이처럼 평화협정 전략에도 작용하고 있고, 흡수통일에 대한 집요하고 만성적인 환상의 타성이 평화협정 체결을 가로막고 지연시키는 장애요인으로 작용하는 것으로 인식할 수 있다.

　이와 같이 남북 쌍방의 공통 현상으로 볼 수 있는 일부 계층의 일방적인 자기 체제로의 체제통일에 대한 강력하고 집요한 집념이 민족의 통일 향방을 좌우하고 결정짓는 핵심적 요인이 되고 있다고 보아야 하고, 이러한 현실이 체제공존의 평화적 통일 실현에 부정적인 영향을 주고 있기 때문에 민족통일에 관한 민주화가 절실하게 요구되는 현실이라고 할 수 있다.

　흡수통일의 통일방안은 무력적 방법이든 평화적 방법이든 평화통일의 가장 큰 장애나 저해요인으로서 옳지도 현명하지도 못한 통일전략으로 남북이 함께 버려야 될 반평화적이고 반통일적인 방안이다.

　또한 이 흡수통일 전략은 남북대결을 한층 자극하고 촉진시키는 방안으로서 남북이 민족화합을 도모하고 통일을 이루는 데 가장 큰 걸림돌이다.

　이상과 같이 남북이 민족화합을 도모하고 평화통일을

이루기 위해서는 흡수통일 전략이 아닌 남북 체제공존 통일정책을 추진해야 하며 이를 위한 평화협정을 조속히 체결하지 않으면 안 된다.

이처럼 조속한 평화협정 체결을 통해 남북 체제공존으로 통일을 실현하는 통일방안에 남북한이 합의하여 합의통일을 이룩하는 것이 통일을 이룰 수 있는 가장 용이하고 합리적인 방안이고 유일한 평화적 통일방안이다.

체제 대립과 갈등이 핵심을 이루고 있는 남북관계에서, 평화를 유지하고 민족통일을 이룰 수 있는 평화적인 방안은 체제대립을 해소할 수 있는 체제공존 관계나 방안밖에 없다는 것은 체제대결의 남북관계, 민족평화, 민족통일 등의 본질적 측면에서 지극히 자명한 문제이다.

그러나 이런 체제공존 통일정책을 추진하기 위해서는 남북이 서로 상대 체제에 대해 존중하고 이해해야 하는 것이 필수적인 조건이 되는데, 현재 체제를 둘러싼 남북 당국 및 체제구성원의 대립은 심각한 정도라고 해야 하고, 이와 같은 남북의 극렬한 체제대립이 평화적인 남북관계나 체제공존의 통일정책 추진에 심각한 부정적 영향을 주고 있고 평화통일 실현을 위한 남북관계 조성을 가로막고 있는 중요한 요인의 하나로 작용하고 있는 것으로 본다.

남북의 이러한 현실은 결코 이성적이고 합리적인 관계라고 할 수 없으며, 이처럼 한심한 남북관계 현실을 벗어나기 위한 민족이성의 회복이 매우 시급하다.

　남북관계는 전 민족의 운명이 걸린 중요한 민족문제이기 때문에 민족 일부 계층만의 남북관계가 아니며, 따라서 여기에는 당연히 민족의 가장 많은 의견이 반영되는 것이 민주주의 원칙에 부합하고, 이를 위해서는 평화와 통일을 이룰 수 있는 합리적인 남북관계를 모색하기 위한 민족이성이 작용하고, 이를 위한 민족의지가 강력하게 작용하고 지배하는 남북관계가 될 필요가 있다.

　민족구성원이면 모두 공감하고 누구도 반대할 수 없는 합리적이고 이성적인 통일이념이 지배하는 남북관계가 되어야 한다.

　이처럼 공명정대하고 객관적인 통일이념에 따라, 일부 계층 또는 특수 계층의 이해관계나 정서, 정치이념 등이 남북관계를 지배하거나 전횡하게 되는 경향이나 상황이 배척되어야 한다.

　일부 계층의 이해관계나 정치적 정서 혹은 이념의 충족을 위해서 민족의 통일이념이나 요구가 훼손되거나 박탈되어서는 안 되는 문제이기 때문이다.

　남북을 막론하고, 서로 상대 체제를 타도나 붕괴 또는

궤멸의 대상으로 인식하고 있고, 통일에서도 상대 체제는 흡수통일의 대상으로 인식하여 체제공존에 의한 통일은 통일로 보지 않는 것은 물론 이런 통일은 결코 용인조차 하지 않고 배격하려는 극단적인 체제대결 적대의식을 갖고 있는 일부 계층이 남북관계의 내용이나 향방을 결정하거나 좌우하고 있고, 이러한 현실이 남북 체제공존 통일정책 추진에 장애요인으로 작용하는 남북관계 상황이 조성되어온 것으로 인식할 필요가 있다.

대체로 남북 체제의 주도적 위치에 있는 이런 계층들은 남북관계가 그들만의 것이 아니기 때문에 우리 민족의 전 민족적 이성과 통일의지에 의해 당연히 견제되고 지배받아야 되는 것이 전민족의 민주주의적 요구라 할 수 있다.

하지만 체제가 강요하는 것으로 볼 수 있는 이런 남북의 상대 체제에 대한 일반적인 적대의식은 남북 당국이 체제공존 민족통합의 실질적인 민족통일을 추진하게 되면 충분히 해소할 수 있는 문제로 보아 크게 우려할 문제는 아니다.

그러나 체제공존 통일의 실현을 위해 일부 계층의 체제인식에 대한 인식의 획기적인 전환이나 변화가 요구되고 적어도 서로 상대 체제를 이해하는 정도의 인식 변화가 절실하고 긴요하다.

또한 남북한의 체제공존 통일을 이루기 위해서는 모든 남북관계에서 갈등을 해소하고 평화를 유지할 필요가 있고, 이를 위해 남북의 평화적 관계를 향상시킬 수 있는 교류와 협력이 매우 중요한 작용을 하게 되는 것은 당연하다.

하지만 무엇보다 중요한 것은 평화협정 체결과 같은 국가 정책적 고려가 평화적인 남북관계 형성에 결정적 작용을 하게 된다는 점이고, 따라서 이를 위한 남북 당국의 대화와 노력이 시급하다.

그러나 이런 민족적 이성이나 의지 또는 요구와는 다르게 현재 남북한의 평화관계 수준은 상호 적대적 대결 정책으로 인해 심각한 국면이 형성되어 있어 남북의 평화관계 유지를 위한 대책이 시급하고 획기적인 남북관계 발전 조치가 요구되는 상황이다.

3. 남북관계의 상호관련성

다시 남북관계의 여타 현상을 더 검토하는 논의로 돌아가, 지나온 남북관계에서 남북문제에 대해 새로운 인식이나 기타 개선이 요구되는 문제들을 살펴보면, 무엇보다 남북관계가 지니는 상대적 성격이나 상호관련성을 보다 치밀하고 깊게 검토함으로써 북한관계 정보나 실정 등을 정확하고 진실되게 파악하거나 인식할 필요가 있고, 이처럼 대북관계의 정확한 정세인식과 진실파악을 통해 올바른 대북정책을 모색하여 남북관계를 향상 발전시킬 필요성이 절실하며, 또한 이처럼 새로운 인식이나 검토가 요구되는 문제도 한두 가지가 아닐 것으로 본다.

남북관계는 남과 북의 상호관계이고 서로 상대가 있는 관계이며 항상 일방적으로 이루어지는 관계가 아닌 점 등 남북 대립관계의 여러 가지 상호관련성, 상호작용성 기타 문제성에 대해 더 깊고 넓게 인식하고 숙고해볼 필요가 있다.

우선 남북관계는 남북의 동의가 이루어지지 않으면 아무런 의미도 소용도 없는 상대적 관계임을 인식할 필요가 있다. 북한의 동의를 얻기 위한 노력이 필요하고 이를 위해 북한의 입장을 충분히 이해하고 배려할 필요가 있다.

통일과 관련된 북한의 많은 부정적인 현상이나 상황이 모두 남북관계의 이런 상호작용에 의해 형성되고 이루어지는 것으로 볼 필요도 있다.

남한은 북한체제의 독재성과 폐쇄성을 비난하며 개혁

개방을 요구하고 있지만 기실 북한의 이런 현상은 남한이 그 원인을 제공했거나 또는 남한의 영향을 받아 형성되었을 가능성도 천착해볼 필요가 있다.

특히 남한의 흡수통일 전략이나 정책 등에 위협을 느끼고 북한의 이런 현상이 형성되거나 발생했을 가능성이 없지 않다.

뿐만 아니라 북한체제의 폐쇄성은 북한체제를 압박하기 위한 남한의 봉쇄정책으로 인해 형성된 결과일 수도 있을 것이다.

북한의 세습독재 또한 첨예한 남북대결 측면에서 검토해볼 필요가 있는 문제이다.

양 상황의 관련성은 남북대결이 격화되고 심화될수록 북한 체제결속이 더욱 강화되고 유일체제를 통한 북한 인민의 단합이 강조되고 고양되어온 데서 엿볼 수 있다.

서로 상이한 체제가 대립하고 있는 남북관계에서 남한체제나 잣대를 기준으로 북한체제를 판단하거나 기대하는 것도 남북대화나 남북관계 인식 또는 정책구상에서 올바른 방식이 아니다.

또한 모든 대북정책이나 대책 수립에서도 남북관계의 이런 상호작용을 충분히 검토할 필요가 있고 특히 북한의 체제유지를 위해 협력하고 존중하는 현명한 자세가 필요하다.

뿐만 아니라 모든 남북대화 또는 접촉의 전략적 측면에서도 남북관계의 상호작용성을 고려하는 전략이나 방법이 대화의 성공과 성과를 거두는 데 현명한 방법이 된다는 인식을 가질 필요가 있다.

지금까지 남과 북은 각각 일방적인 입장, 정책, 전략 등을 상대에게 강요하려는 적대적 대회니 태도를 서로 견지함으로써 대립관계를 한층 심화시켜왔을 뿐만 아니라 상대의 궤멸이나 불리를 획책하는 정책이나 전략을 구사함으로써 극한적인 불신과 대결을 초래하고 절충이나 합의 등의 성과를 거두지 못하고 남북관계를 악화시키는 대결을 지속해왔다고 보아야 한다.

그러나 남북한 체제공존의 평화관계를 형성하고 유지하기 위해서는 남북이 서로 상대를 섬세하게 고려하고 배려하는 새로운 협력관계를 유지할 필요가 있고, 획기적인 남북관계를 지향하는 새로운 남북시대를 열어가지 않으면 안 된다.

이러한 남북한의 협력관계 추진에서 무엇보다 상대의 정치사회체제를 존중하는 것이 기본이 되어야 하는 것은 물론이고 기타 모든 여타 문제에서 서로 상대의 입장이나 형편 등을 민족적 차원에서 민족공동체 문제처럼 배려하는 협력정책이 현명하다.

물론 현재와 같은 치열한 남북대립 상황에서 남북이 적대적 대립의식을 버리고 평화공존관계로 남북관계를 전환하는 것은 쉽게 이루어질 수 있는 문제가 아니며 매우 어려운 문제이다.

하지만 남북이 지금까지 분단으로 인해 겪어온 고난과 고통, 그리고 쌍방의 막대한 국력낭비를 생각한다면 이 같은 인식전환 정도의 문제는 매우 간단하고 쉬운 문제이고 결코 어려운 문제가 아니며 기꺼이 추구할 수 있는 문제이다.

물론 정치군사적 이해관계가 날카롭게 대립하고 있는 대결관계에서 남북관계의 객관적 기준이 매우 중요한 의미를 갖는 것은 말할 필요가 없다.

하지만 이런 객관적 기준은 민족양심, 한반도 평화, 휴전협정 존중 등과 같은 추상적인 개념일 수밖에 없고 새로운 남북시대에서 요구되는 협력관계는 보다 구체적이고 적극적인 남북 간의 협력이 이루어질 필요가 있다.

이렇게 해서 남북관계를 획기적으로 발전시키고 남북 간의 평화관계를 현저히 향상시켜 새로운 남북시대를 열어가기 위한 노력과 협력이 체제공존의 남북통합과 통일을 이루기 위해 매우 절실하고 절박하다.

또한 남북 체제공존의 평화와 통일을 추진하고 남북 관계를 평화적인 공존관계로 전환하는 데는 지금까지 남북대결의 일선에서 활동해온 인사나 계층에 대해 남북당국이 서로 화해와 관용을 위한 정책 또는 대책 등을 제도적으로 보장하고 강구하는 것이 매우 긴요하고 무엇보다 중요한 문제가 된다.

김정은 시대에 들어와서 핵부장 강화로 한반도 상황에 극도의 위기가 조성되고 있지만 한편 선군정치로부터 국가체계를 정상화시키는 중대한 국가적 체계 전환이 단행되고 있다.

이런 변화는 결코 간단하거나 쉽게 이루어질 수 있는 문제가 아니며 북한의 이런 변화는 남북관계도 달라질 수 있는 여건이 형성되는 매우 중요한 역사적 변화로 볼 필요가 있고 남한도 점차 이에 상응하는 대북정책으로 대응해 볼 필요가 있는 문제이다.

4. 북핵문제의 해법

북핵문제를 해결하는 해법을 찾기 위해서는 핵이 북한체제에서 어떤 의미를 갖는가를 검토하고 북한이 핵무장을 하는 이유를 생각해볼 필요가 있다.

북한은 핵무장을 헌법이나 당 규약에 규정하고 있는 데서 알 수 있듯이 핵을 체제유지를 위한 생존수단으로 인식하고 있다.

그리고 이러한 수단의 방법이나 용도도 다양하고 그 의미나 목적도 한두 가지가 아닐 것으로 본다.

북한의 핵무장 동기는 당초에는 군사적 이유나 목적에 있었겠지만 지금은 대미관계와 남북관계의 모든 분야에서 여러 가지 형태로 작용하는 다양한 목적의 전략적 무기로 인식된다.

그러나 중요한 것은 우선 북한이 이 대량살상무기를 군사적 무기나 용도로 사용하기보다는 심리전이나 협상 카드 그리고 무엇보다 체제 유지 보장 방안으로 사용하려 한다는 분명한 사실을 인식할 필요가 있다.

이 가운데 심리전이나 협상용으로 사용할 목적으로 핵무장을 한다면 북핵문제는 협상을 통해 능히 해결할 수 있는 문제이기 때문에 북핵문제 해결이 그렇게 어려운 문제가 되지 않지만 위에서 본 바와 같이 체제유지의 보장 방안으로 인식하여 핵무장을 하고 있다면 북핵문제 해결은 간단한 문제로 보아서는 안 된다.

북한이 체제 유지 보장 수단으로 핵무장을 한다면 북

핵문제 해결 과정이 길어지고 그만큼 북한의 핵이 우리 민족에게 주는 고통이나 불안도 장기화될 것이기 때문에 남북한은 조속히 핵무장 해결 방안을 협의하기 위한 대화에 나서야 한다.

북한의 핵무기 위협으로부터 남한체제의 유지를 확보하는 방안은 두 가지 경우의 대책을 생각해볼 수 있는데, 가장 바람직하고 원칙적이며 평화적인 방안은 남북한 체제 유지가 확실하게 보장될 수 있는 체제공존 통일방안에 의한 통일을 실현해서 북한이 핵무장을 할 필요가 없게 되어 자진해서 핵무장을 폐기하도록 하는 방안이나 정책으로 문제를 근원적으로 해결하는 방안이며 이 방안은 북핵문제도 해결하고 동시에 민족통일도 실현하는 전화위복이 될 수 있는 정상적인 방안이지만, 이 같은 통일 실현이 불가능한 경우엔 부득이 현재와 같은 남북분단 상태에서 미국의 핵무기에 의존할 것이 아니고 남한도 핵무장을 하여 북한이 핵무장의 이유로 내세우고 있는 정책과 같이 핵에는 핵으로 대응하는 북 핵 억지력에 의한 체제유지를 보장하는 방법이 불가피할 것으로 본다.

그러나 북핵문제를 능히 평화적으로 해결하면서 동시에 민족의 숙원인 민족통일을 실현할 수 있는 전화위복의 방안이 있는데도 이러한 원칙적이고 정상적인 길은 제쳐두고 같은 민족끼리 민족공멸을 가져올 핵무장으로 대결하려는 방향으로 나아가는 어리석고 불행한 사태는 결코 있어서는 안 된다.

이러한 엄중한 역사적 시점에서 남북 당국은 남북대결을 접고 조속히 민족의 통일문제를 협의하기 위한 대화에 나서지 않으면 안 된다. 이 시급한 역사적 책임을 외면하면 준엄한 역사적 심판을 받게 된다는 것을 남북 당국은 인식할 필요가 있다.

북핵문제가 안고 있는 문제를 더 구체적으로 세밀하게 검토하면 북한이 핵무기를 수단으로 확보하려는 체제유지 보장 방안은 군사적 대결에서의 보장은 물론이고 근원적으로 남북한의 체제대결의 측면에서도 안전한 체제유지가 확실하게 보장되지 않으면 북핵문제를 해결하기 어려울 것으로 본다.

아마도 북한이 체제유지의 가장 큰 위협으로 인식하는 부분은 남북한의 체제대결에서 남한 진영의 흡수통일 전략에 의한 북한체제 붕괴 위협일 것으로 추측된다.

따라서 체제유지를 위한 생존수단으로 핵무장을 하게 된 주된 동기도 이런 흡수통일 전략의 위협에 의한 위험에 있을 것으로 보며 이 흡수통일 전략이 아마도 북핵문제의 주범일 것으로 인식된다.

북한의 핵무장 동기가 이처럼 북한의 체제유지를 위협하는 각종 위험을 물리치고 제압하여 안전한 체제유지를 확보하고 보장하려는 데 있다면 그 해법 또한 자명한 문제이다.

즉 북한의 안전한 체제 유지가 보장될 수 있는 방안이 확보됨으로써 더 이상 핵무장을 할 이유나 필요가 없게 되어 북한이 무용지물이 된 핵을 스스로 폐기하도록 하는 것이 북핵문제를 해결할 수 있는 방안이다.

체제대결이 핵심 내용이 되고 있는 남북대결에서 북한체제의 안전한 유지를 보장하는 방안은 남북 체제공존 방안이다.

남북 체제공존 정책으로 민족적 통합이 이루어지면 북한이 더 이상 핵무장을 할 이유나 필요가 없을 것이고 협상을 통해 스스로 핵무장을 해제할 것으로 본다.

그러나 정부의 북핵 대책은 이와 달리 제재와 압박을 통한 강제정책을 쓰고 있는데 이것은 북핵을 폐기시킬 수 있는 방안이 아니다.

북한이 핵을 체제유지를 위한 생존 수단으로 인식하고 있다면 어떤 압박수단이 있어도 결코 핵을 포기하지 않을 것이다.

오히려 이런 압박정책은 핵무장을 더욱 자극하고 강

화시키는 역효과를 가져올 위험이 있다고 보아야 하고 실제로 북한은 유엔제재나 압박정책을 이유로 내세우면서 핵실험을 강행하는 반응을 보이고 있다.

현재 한반도에서 핵문제를 두고 벌어지고 있는 대결은 서로 물러서지 않겠다는 결기로 맞서고 있는 힘겨루기 양상으로, 그 상황이나 결과를 예측하거나 전망할 수 없는 위험스럽고 비이성적인 상황이다. 이는 반드시 그리고 조속히 해소되지 않으면 안 되는 상황이다.

핵문제에 대처하는 정부의 현 대책은 도무지 그 정책목표가 무엇인지 조차 알 수 없을 정도로 감정적이고 즉흥적인 내용이다.

모름지기 국가의 정책이나 대책은 문제해결의 목표, 방향, 방법 등이 제시되고 국민이 이를 알 수 있는 것이어야 하는데 정부의 핵 대처 방안은 오직 제재와 압박 등으로 북핵을 강제로 폐기시키겠다는 것으로서 북핵 폐기의 실현 가능성이 희박하고 기대하기 어려운 내용만 있을 뿐 그 외에 아무런 내용을 찾아볼 수 없는 것이어서 무대책의 대책이라 할 수 있다.

이것은 정권의 속성이나 통치철학의 소산으로 볼 수도 있지만 핵문제와 같은 국민의 운명이 걸린 중요한 정책은 모든 계층의 의견이 반영되어야 하고 또 이렇게 되었을 때 비로소 국민이 힘을 모으는 하나가 될 수 있다고 본다.

기본적으로 북한의 핵은 제재나 압박과 같은 강제정책을 통해 폐기시킬 수 있는 간단한 문제가 아니고 북핵문제를 해결하는 유일한 방안은 위에서 검토한 바와 같이 북핵문제를 야기하게 된 남북대결의 근원적인 문제를 해결할 수 있는 방안을 남북이 함께 모색하여 실현하는 방안이라는 것을 재삼 인식할 필요가 있다.

남북대결은 체제대결을 핵심으로 하고 있기 때문에 남북대결의 근원적인 문제는 체제대결 문제가 되며 따라서 이 체제대결을 해결할 수 있는 방안이 바로 북핵문제를 해결하는 방안이 된다.

남북한의 체제대결을 해결할 수 있는 방안은 오직 체제공존밖에 다른 방안이 없으므로 이는 곧 남북한 체제공존 통일방안 실현의 문제가 된다.

남북한 체제공존 통일방안은 대체로 국가연합 성격을 띤 남한의 체제공존 방안과 북한의 연방제 방안이 대립하고 있지만 북핵문제 해결을 위해서는 남한의 체제공존 통일방안이 적절하다고 보며, 특히 국제법적인 국가연합 형태의 통일방안이 절실하게 요구된다.

혹시라도 북한이 핵을 연방제 통일국가의 방어수단이

라는 상식적으로 상상할 수 없는 전략을 갖고 있다면 북핵을 평화적으로 해결할 수 있는 방안은 없다고 본다.

따라서 남북한이 이 국가연합 형태의 통일방안을 협의하고 합의하여 남북통일을 실현하는 것이 북핵문제를 해결하는 방안이다

그렇더라도 남북한 체제공존 통일방안의 실현은 결코 어려운 과제가 아니며 남북한이 체제공존 통일방안에 합의만 하면 되는 문제이다.

특히 이러한 방안 중에서도 국가연합 형태의 통일방안은 가장 쉽게 그리고 가장 간단한 방법으로 신속하게 통일을 실현할 수 있는 통일방안이기 때문에 북핵문제를 신속하게 해결할 수 있는 가장 긴요한 방안이다.

이 남북한 체제공존 방안은 남북 체제의 어느 쪽도 부정되지 않는 통일방안이기 때문에 남북의 합의가 쉽게 이루어질 수 있다.

남북은 이미 6.15공동선언을 통해 사실상 이 문제에 대한 합의가 이루어진 상태이고 남은 과제는 남북이 구체적인 통일방안을 모색하기 위해 협의하고 결정하는 일만 남아 있다고 보면 된다.

따라서 북핵문제 해결도 결코 어려운 문제가 아니며 위에서 본 바와 같이 남북한이 체제공존 통일방안에 합

의하면 자동으로 해결되는 문제이다.

그러나 만일 북한이 핵무기에 체제유지 보장 이상의 어떤 뜻이나 의도를 갖고 있다면 북한의 핵문제는 참으로 심각한 문제로 비화되어 차원을 달리하는 새로운 문제로 발전하게 될 것이다.

북한이 핵실험을 계속하여 유엔상임이사국 수준의 핵강국 반열에 올라 이를 수단으로 해서 국제적 위상을 높이고 민족 내부관계에서 민족의 주체적 지위나 역할을 행사하려 한다면 이는 바로 적화통일의 문제가 된다고 보지 않을 수 없다.

행여라도 북한이 이런 전략이나 뜻을 갖고 있다면 그 결과는 참으로 중대한 사태를 가져올 것이라는 인식을 가질 필요가 있다.

북한의 핵문제가 이런 사태로 발전하게 되면 남북관계가 걷잡을 수 없이 악화되어 사활을 거는 남북대결로 치닫게 되어 체제대결의 전면전과 또 다른 민족 내전으로 귀결되는 끔찍한 사태에 이르게 됨으로서 매우 위험한 남북관계 국면을 조성하게 되고 뿐만 아니라 이렇게 되면 북한은 실로 전 인류 공적으로 지탄받고 세계적인 비난과 공격의 대상이 되어 모두 파멸의 길로 치닫게 되는 위험한 사태가 오게 되리라는 것을 예상해야 한다. 북한은 결코 이처럼 무모한 생각을 갖고 있지 않을 것으로 본다.

북한의 전술핵 실전 배치의 현실성이 높아진 상황에서, 이것이 현실화하거나 또는 배치가 확인될 경우 한반도의 전쟁 재발 가능성이 한층 고조되는 위험한 상황을 우려하지 않을 수 없기 때문에 이에 대한 시급한 대응책이 필요하다.

이같이 위험한 사태를 사전에 예방할 수 있는 대책은, 말할 필요도 없이 북한의 전술핵 배치를 차단할 수 있는 현 수준의 핵실험 동결밖에 없고 이를 위한 대화가 유일한 방안이다.

그러나 북한의 주장처럼 핵탄두의 소형화, 경량화 등의 실험에 성공하였다면 이미 때를 놓친 것으로 보아야 하지만 그렇더라도 더 이상의 핵실험을 동결하기 위한 대화나 협상은 여전히 필요하다. 이런 대화가 없으면 남북의 민족 공멸로 치닫게 될 것이기 때문이다.

계속되는 핵실험에 의한 북한의 핵무장 단계나 수준이 고도화할수록 그만큼 북핵 폐기 가능성이나 이를 위한 협상 가능성도 어려워지기 때문에 유엔제재 필요성 못지않게 핵실험을 동결시키기 위한 대화도 시급하다.

필자는 박근혜 정부 임기 5년이 시기적으로 북핵문제

의 향방을 가르는 중요한 분수령이 될 것이라고 보고 비상한 관심을 가져왔는데 이 정부 대북정책 기조가 한반도 신뢰프로세스정책으로 결정 발표되는 것을 보고 이같은 안이한 내용의 대북정책은 북핵문제를 해결하는 방안이 아니라고 보았기 때문에 국민의 입장에서 큰 실망과 개탄을 금할 수 없었다.

이에 이 정부 출범 시점인 2013년 3월 2일에 정부의 이 대북정책을 비판하면서 평소 나름대로 생각해온 북핵문제 해결 방안을 국민신문고에 국민 정책제안 형태로 공개 제안하였다(부록 2; 북핵 문제를 둘러싼 심상치 않은 움직임을 경계한다).

이 정책 내용은 북한의 핵문제 해결 방안으로 평화협정 체결과 북한의 대미 수교, 국가연합형태의 남북통일 방안을 정부가 주도적으로 제안하는 내용의 정책으로 북한과 담판해볼 것을 촉구하는 내용이었고 기타 중국을 과신해서는 안 되고 북핵 폐기를 압박하기 위한 수단으로 5.24조치 유지, 남한도 핵무장을 준비할 필요가 있다는 대책 등을 제안하였는데 정부가 이 정책을 채택해주리라는 기대는 추호도 갖지 않았고 국민에게 이 정책 내용을 촉구하고 홍보하자는 뜻이었다.

한반도 문제에 대한 국제적 현안으로 제기되고 있는

북미 간의 평화협정 체결 방안은 북핵문제를 해결하기 위한 불가피한 문제로 보지 않을 수 없고 이 평화협정 체결을 통해 북핵문제 해결의 구체적 내용에 대한 북미 간의 합의가 이루어질 필요가 있다.

그러나 한반도의 평화협정 문제는 북미 간의 평화협정 체결로 다 끝날 수 있는 문제가 아니며 한국전쟁 관련 당사국들이 모두 참여하는 평화협정 체결이 필요하고 이 협정 체결을 통해 여타의 평화협정 과제들이 해결되지 않으면 안 된다. 특히 한국전쟁의 원인이 되었던 한반도 분단의 극복문제에 관한 핵심적 과제인 통일방안의 해결문제는 평화협정의 핵심 과제와 내용이 되는 문제이기 때문에 이 문제의 당사자인 남북한의 합의가 이루어지지 않으면 안 된다.

남북통일 방안에 대한 남북한 간의 합의가 이루어지면 평화협정 과제가 모두 해결되고 완전한 평화협정 체결이 이루어지게 됨으로서 한반도에서 모든 분쟁관계를 해소하여 한반도 평화를 이룩하게 되고 동시에 저절로 북한의 핵무장도 해소되어 북핵이 폐기되는 상황을 초래하여 북핵문제 해결 문제도 종지부를 찍게 된다.

3

남북한 체제공존의
민족통합 방안

그 어느 때보다 위험한 한반도 상황과 절박한 민족적 위기에 봉착하여 지나온 남북관계를 선제적으로 되돌아보고, 무엇이 잘못인가를 냉철하게 성찰해보며, 문제점을 탐색해볼 필요가 있다.

분단과정을 돌이켜보면 남북한은 70년이 넘는 오랜 세월에 걸쳐 각기 자기 체제를 유지하고 상대를 붕괴시키기 위한 전략과 승부에 집착하면서 타협 없는 대결을 끊임없이 지속하고 상생이나 공존을 위한 노력은 외면해온 것을 볼 수 있고, 따라서 남북이 한반도 평화와 남북 통일을 지향하기 위해서는 끊임없이 반복되는 남북 체제대결을 접고 시급히 체제공존의 길을 모색하는 남북관계의 전환이 절실하게 요구되는 분단 상황이나 과정이었음에도 불구하고 이러한 남북관계에 대한 냉철한 성찰과 이성적 판단이 배척되고 사장되었던 비합리적인 분단 과정이었음을 살필 수 있게 되고, 이러한 분단과정이 주는 교훈을 통해 남북관계를 발전시키고 통일을 이루는 길은 체제대결을 해소하여 체제공존을 실현하는 길이라는 당연한 결론을 쉽게 얻을 수 있고, 또한 남북 체제공존 방안의 모색과 이를 실현하는 방안 등이 통일의 핵심적 과제임을 인식할 수 있고, 무엇보다 통일 성취를 위해 획기적인 남북관계 방향 전환 및 남북대화의 핵심적 전환이 절실하고 시급하게 요구되고 있는 것을 판단할 수 있다.

그러나 분단과정을 통해 우리 민족이 터득해야 하는 가장 귀중한 교훈은 분단에 관한 인식의 문제가 아니라 인식을 실현할 수 있는 의지의 문제이고, 특히 체제대결을 청산하여 체제공존을 실현시킬 수 있는 비상한 의지가 무엇보다 중요하다.

1. 남북 분단 극복을 위한 체제공존 방안

남북 민족분단사에서 분단의 원인이고 과정이고 결과로 분단과정의 전부라고 해도 과언이 아닐 이 남북 체제대결 문제는 구체적으로 남북한의 정치사회체제를 의미하는 것으로 인식할 수 있다.

따라서 남북의 체제공존은 남북의 정치사회체제 제도의 공존을 의미한다.

남북의 정치사회체제의 갈등으로 인해 우리 민족이 남과 북으로 분할되었고 지금도 남북의 정치사회체제는 남북의 사회구성원과 정치권력을 지배하고 있는 이념으로서 남북 민족대립 또는 민족분열의 요인으로 작용하고 있고 민족의 분단 극복과 통일 추진에서 반드시 해결해야 할 지난한 문제가 되고 있다.

  그러나 이런 남북한 정치사회체제 대결의 극복 또는 해결 방안의 모색에서, 남북의 체제는 그동안 융합은 물론 절충하기도 어려울 정도로 충돌하는 갈등을 빚어왔기 때문에 양 체제를 통합하는 방안은 불가능한 문제로 보아야 한다.

  따라서 남북이 반드시 해결해야 할 이 체제대결 문제의 해결 방안은 남북체제를 통합하는 방안이 아닌 다른 방안을 모색하고 추진해야 한다.

  치열한 남북대립 관계에서 남북한의 체제대결을 해소하여 극복할 수 있는 방안은 양 체제의 공존방안밖에 없고 이 공존방안만이 남북의 체제대결을 극복하고 남북체제가 평화적 관계를 유지할 수 있는 유일한 방안이며 따라서 민족의 평화적인 통일 또는 통합 방안도 남북체제의 공존 통일방안이 불가피하고 유일한 방안이다.

  한반도 평화와 평화적인 민족통일을 위해서 남북이

조속히 남북 체제공존 통일방안을 협의하고 실현하기 위한 대화에 나서야 할 이유이다.

그러나 기본적으로 남북한 체제공존의 민족통합을 실현하기 위해서는 먼저 남과 북이 서로 상대 체제를 인정하고 이해하는 것이 필수적인 조건이 되는데 상대 체제에 대한 이러한 남북의 상호 인정이나 이해가 결코 쉽지 않게 되어 있는 상황이 남북에 공통적인 체제구성원의 대체적인 사회의식 현상이라 할 수 있다.

남북한은 70년이라는 장구한 기간에 걸쳐 첨예한 체제대결의 적대적 관계를 지속 심화시켜왔기 때문에 남북 체제구성원 간의 체제대결 의식이나 인식이 상대 체제 불용이나 거부 또는 배격의 심각한 수준으로 굳어져 있다.

더욱 심각한 문제는 상대 체제는 타도나 궤멸의 대상 또는 흡수의 대상으로 인식하여 남북한 체제공존의 통일은 통일로 보지 않고 오직 흡수통일만 통일로 보면서 체제공존 민족통일 방안을 거부하는 사회계층이 막강한 세력을 형성하고 있는 것이 격렬한 체제대결 상황에 있는 남북의 공통적 현실이라 할 수 있다.

그리고 남북은 각각 체제 유지나 보호를 위한 법적 제도적 사회장치도 광범위하고 철저하게 설치한 국가체제를 갖추고 있으므로 남북 체제공존의 민족 통합을 이루기 위해서는 국가 사회제도의 전반적인 쇄신 방안도 요구된다.

위와 같은 남북의 제반 사회상황 및 국가적 조건을 감안할 때 남북한 체제공존 남북통일의 제도적 방안은 남북의 현 국가적 체제를 각각 온전히 유지시킬 수 있는 수준의 공존방안이 요구된다.

남북이 각각 국가체제를 온전히 유지시킬 수 있는 남북 공존방안을 마련하기 위해서는 양 체제의 결합 또는 공존 수준을 최소한도로 간략화할 필요가 있고 제도적 공존 방안도 분단에 가까운 제도적 통일방안이 불가피하다.

2. 체제공존의 제도적 통일방안 비교 검토

이런 남북 체제공존의 통일을 실현하는 제도적 방안을 모색하고 탐색하기 위해서는 국제적인 국가형태 또는 국가통합 과정 등을 검토하여 이러한 모델이나 통합과정을 기준으로 남북한의 현실적 상황에 부합하는 방안을 찾아야 하는 것은 당연한 일이다.

국제적인 국가형태는 대체로 단일국가, 연방국가, 국가연합 형태가 일반적이고 이 중에서 남북이 추진해야 할 국가형태는 연방제국가와 국가연합 형태의 두 유형이다.

　남북 체제공존의 제도적 방안도 이러한 국제적인 국가형태나 사례를 통해 모색할 필요가 있고 실제로 남북한은 이러한 기준에 따라 남북한의 통일방안을 모색해왔으나 남북의 주장이 일치나 합의를 이루지 못하고 남한이 주장하는 국가연합 성격을 띤 단계적인 연합제 안과 북한이 주장하는 연방제 방안이 계속적인 대립을 지속하고 있다.

　그러나 이런 제도적 방안을 둘러싼 남북한의 대립은 해소가 가능하다는 원칙적 합의가 6.15공동선언에서 이루어졌으므로 이 대립의 해결이 꼭 불가능하거나 어려운 문제만은 아닌 문제가 되었다고 할 수 있다.

　다만 통일방안에 관한 남북한의 대립을 해결하고 절충하는 구체적인 방안의 모색이 남북의 협의와 협상의 과제로 남아 있다.

　남북한은 이 협상을 통해 통일을 이루기 위한 과정으로 먼저 통일 수준이 낮은 남한의 통일방안을 실현하고 북한의 연방제 통일방안은 연방의 조건이 성숙될 때 시행하는 합리적인 합의안을 마련해야 할 필요성이 매우 절실하다고 본다.

첨예한 대결을 지속해온 남북 분단 상황에서 남북한이 평화적으로 통일을 이루기 위해서는 점진적인 통일과정이 절실하게 요구되며, 국가연합 형태로 시작하여 연방제 국가 형태로 발전하고 변환하는 것이 남북의 충돌을 피하고 남북의 민족통합을 이룰 수 있는 가장 이성적이고 합리적인 분단 극복 과정이 될 수 있다.

실제로 국제적인 관례에서도 스위스 연방국가 등의 통합과정에서 볼 수 있는 것처럼 이같이 이성적인 과정으로 통합이 이루어진 사례들을 쉽게 찾아볼 수 있다.

체제공존의 적정한 수준 등 남북관계 상황에 대한 종합적인 검토 관점에서 대립관계에 있는 남한의 국가연합 형태의 제도적 방안과 북한이 주장하는 연방제 형태의 제도적 방안을 구체적으로 검토하고 비교하여 남북관계의 현황과 사정에 적절한 방안을 모색하고 검토하는 것은 남북한 체제공존 민족통일을 실현하는 데 매우 유익하고 중요한 의미를 지니는 논의이고, 남북통일 문제에서 무엇보다 중요한 통일과제이다.

국가연합 형태의 통일방안은 통일 수준이 통일이라기보다 국가적 분리나 분단에 가깝고 연방제 통일방안은 하나의 국가로 통일하는 단일국가 수립의 통일방안이기 때문에 양 통일방안은 본질적 차이가 있으나, 민족 통합을 실현할 수 있는 통일 측면에서 보면 양 방안은 차이가 없거나 근접하는 방안이 된다.

연방제 통일방안이 완전한 통일을 이루는 완벽한 통일방안이고 남북이 지향해야 할 이상적인 최종 국가형태를 이루는 방안이지만 이질적인 남북체제가 첨예하게 대결하고 있는 남북한의 통합방안으로서는 매우 위험하고 부적합한 통일방안이다.

따라서 연방제국가 통일방안은 현재의 분단 상황이나 남북관계에서는 실현이 불가능한 통일방안으로 보아야 하고 상당한 시간과 과정을 거친 후에 시행해야 할 최종적인 미래의 통일방안으로 남북이 합의해야 할 이상적인 통일방안이 될 수 있다.

또한 현 단계에서 연방제국가 실현은, 실현되어도 실현 후 연방국가 체제 안에서 정치이념 문제를 둘러싼 체제구성원 간의 갈등 등 심각한 민족분열이나 사회적 갈등을 초래하여 남북관계를 수습할 수 없는 파국국면으로 몰아갈 가능성 또는 위험성이 매우 높다는 것을 참작할 필요가 있다.

3. 민족 통합의 실질적 통일정책

그러므로 남북한이 추구해야 할 통일은 민족통합의 측면에서 시급하게 요구되는 과제를 실현하기 위한 실질적 통일을 추진해야 하고 이러한 실질적 통일에 부합하는 제도적 통일방안은 국가연합 형태의 통일방안이 남북한의 체제갈등과 대립을 피할 수 있기 때문에 가장 현실적이고 합리적이다.

현재의 민족분단 상황에서 남북통일의 시급한 과제는 남북한 정치사회체제 통합과제보다 갈라진 민족의 통합을 실현하는 과제이다.

하나의 민족이 두 개의 민족으로 이질화하고 완전히 다른 민족으로 형성되는 민족분할의 심각한 국면에서 반드시 이루지 않으면 안 되는 민족통합 실현을 위해서 시급하게 요구되는 과제는 대체로 한반도 평화, 남북한의 위험한 민족대결의 조속한 청산, 남북 민족의 동질성 회복 및 민족적 평화의 확보, 민족의 전통적 제례문화를 비롯한 각종 공동문화의 유지나 합일, 민족의 공통 행복 추구, 분단과정의 민족적 고통의 최소화, 남북 민족의 경제적 공동번영의 추진, 혈육의 자유로운 상봉과 같은 인간의 기본욕구 충족 등의 문제라고 할 수 있고, 이 같은 민족적 요구를 실현하는 것은 민족통일의 실질적이고 실체적인 실현이라 할 수 있고 민족통일의 중심적 본체적 부분의 통일실현이라 할 수 있다.

남북 정치사회체제를 통합하는 통일은 불가능하지만, 위와 같은 내용의 실질적 통일은 얼마든지 가능하고 시급하므로, 남북이 추진해야 할 통일은 정치사회체제의 정치적 통일이 아니라 시급한 민족통합을 위한 실질적 통일이 되어야 한다.

우리의 통일 개념을 남북 정치사회체제에 관한 통일문제와 남북 민족통합에 관한 통일문제의 두 개 개념으로 분류하고 분리하는 인식이 통일 실현을 위해 요구된다.

남북한의 정치사회체제 통합을 실현하는 통일 못지않게, 또 하나의 통일 과제이자 통일 실체라 할 수 있는 민족 통합을 실현하는 실질적 통일은 통일 실현에서 가장 절박하고 핵심적인 통일 과제를 실현하는 통일이기 때문에, 이러한 실질적 통일만 실현되면 복잡한 한반도 상황에서 이룩할 수 있는 최선의 통일이라고 할 수 있고, 시급한 민족적 요구만 충족될 수 있는 통일이면 첨예한 남북대결 상황에서는 충분하고 손색없는 온전한 수준의 통일로 보아야 한다.

통일의 현실적 혜택의 측면에서 보아도 모든 통일이

다 동일하고 별 차이가 없다.

통일 실현의 내용은 최소화하고 간소화할수록 그만큼 통일을 쉽게 이룰 수 있으며 외세, 남북 당국, 민족구성원 등 많은 이해관계와 대립관계가 여러 가지로 복잡하게 얽혀 있고 이러한 이해관계 등이 심각하게 충돌하고 갈등을 빚고 있는 복잡한 한반도 현실에서 높은 수준의 완벽한 통일은 절대로 불가능하다는 현실을 직시하지 않으면 안 된다.

4. 국가연합 형태 통일방안의 현실성

이상과 같은 실질적 통일을 실현하는 제도적 통일방안은 국가연합 형태의 통일방안이 적합하고 합리적인 방안이라는 것은 위에서 본 것처럼 문제의 본질, 인식, 기타 논의나 검토에서 자명하게 드러나는 문제이다.

그러므로 시급한 민족적 요구를 실현하는 실질적 통일 실현을 위해서 남북은 모든 주장을 접고, 분단 고착화의 심각한 문제성이 있음에도 불구하고 국가연합 형태의 통일방안을 진지하게 검토하고 협의해보아야 하며 이를 위한 남북 당국의 진지한 관심과 성실한 노력이 요구된다.

무엇보다 이 방안은 동북아 국제정세, 북핵문제 해결, 남북유엔동시가입 등의 현 국제적 여건에 부합하는 무난하고 합리적인 방안이다.

오랜 분단과정과 상황으로 인해 통일 실현이 지난한 현실적인 여건에서 현실적인 통일을 실현시키기 위해서는 통일을 쉽게 이룰 수 있는 통일방안을 우선적으로 검토하는 것이 무엇보다 중요한 실정이고 따라서 통일방안의 현실적인 실현 가능성에 대한 세밀한 검토가 요구된다.

아무리 훌륭하고 완벽한 통일 방안이라도 실현 가능성이 없으면 아무런 소용이 없는 무의미한 방안이고 불완전하고 미비한 방안이라도 실현 가능성만 있으면 가장 훌륭한 통일방안으로 받아들여야만 하는 것이 통일문제가 안고 있는 여건이고 현실이다.

이에 따라 통일방안의 고려에서 남북은 가장 먼저 여러 통일방안의 실현 가능성부터 비교해볼 필요가 있고 이러한 기준에 따라 통일을 가장 쉽게 이룰 수 있는 방안을 모색하여 제도적 통일방안으로 선정하기 위한 협의나 논의에 쌍방의 중점적인 노력을 기울일 필요가 있다.

지금까지 남북이 서로 요구하거나 주장해온 통일방안

을 협의하고 협상하는 방식보다 객관적으로 실현 가능성이 가장 높고 남북협상에 장애가 적은 방안을 통일방안으로 선정하는 협의 과정이 신속한 통일 실현을 위해 절실하게 요구된다.

어떤 통일이든 통일이 이루어지면 통일이 주는 현실적인 혜택은 특별한 차이가 없는 대동소이한 정도인 데 반해 통일을 실현하는 과정의 어려움에서는 통일방안에 따라 통일실현의 성공을 좌우하고 결정짓는 심각한 차이가 있고, 남북이 통일방안을 협의하고 합의하는 과정에서 협의와 협상을 결렬시킬 수 있는 장애가 무수히 도사리고 있는 것이 우리가 추진해야 할 통일이라는 것을 인식할 필요가 있다.

이상과 같이 현실적인 통일실현 측면을 우선적으로 고려하여 통일방안을 검토하는 관점에서 한반도 상황이나 남북관계에 가장 적합하고 적절한 통일방안을 모색해야 하는 것이 신속한 통일 실현을 위해 절실하게 요구되고 있고, 이러한 통일논의에 입각하여 현재의 남북관계를 그대로 평화적이고 확정적인 정식관계로 전환하여 정착시키는 국가연합 형태의 남북통일 방안이 통일을 가장 쉽게 실현시킬 수 방안으로서 앞으로 남북이 협의해야 할 가장 바람직하고 현실적인 통일방안이라는 인식이 위의 통일논의에서 누차 검토되었지만, 국가연합 형태의 통일방안은 이외에도 통일 후 발생할 수 있는 분쟁 재발 문제와 관련해서도 분쟁문제가 발생할 수 있는 소지가 거의 없는 훌륭한 방안이라는 점에서도 매우 중요한 의미를 지닌다.

통일방안의 모색에서 통일 실현 가능성의 검토뿐만 아니라 통일 후 발생할 수 있는 분쟁관계의 재발 문제를 검토해야 할 필요가 있는 것은 통일 후 또다시 남북 분열이나 사회적 갈등이 발생하게 되면 남북관계가 훨씬 더 심각한 파국국면을 맞게 될 수도 있기 때문이다.

5. 남북의 체제공존 통일방안의 협의 및 논의에 대한 전망

그러나 현재 남북 당국이나 사회적 논의에서 검토되고 있는 남북통일의 국가형태는 연방제국가 형태도 국가연합 형태도 아닌 제3의 국가형태이다.

앞으로 남북 당국이 협의하게 될 제도적 통일방안은 대체로 북한의 고려민주연방국 안 또는 낮은 단계의 연방제 안과 남한의 연합제 안 또는 연방제보다 낮은 단계의 남북 연합기구를 두는 통일방안 등이 될 가능성이 매우 높을 것으로 예상되지만 남북의 합의만 이루어질 수 있다면 어떤 방안이든 모두 다 긍정적인 통일방안으로 평가될 수 있는 방안이다.

6.15공동선언 2항의 남북 협의를 감안할 때, 남북 체제공존 통일방안에 대한 남북 당국 간의 협의 또는 협상은 연방국가의 중앙정부 대신, 이 중앙정부와 본질적으로 다른 성격의 남북연합기구를 두는 통일방안의 협상이 이루어질 가능성이 특히 높다.

즉 연방국가의 통일이 아닌 다른 남북 체제공존 통일형태, 구체적으로 남북이 각각 주권국가의 지위를 유지하면서 쌍방이 대표를 파견하여 구성하는 연합기구를 두는 통일방안의 합의가 이루어질 가능성이 가장 높지만 어떠한 형태의 통일방안이 합의되든 간에 통일방안의 구체적인 내용 검토 또는 협의과정에서 통일 후에 재발할 수도 있는 남북대결이나 또는 분쟁의 위험성을 충분히 참작하고 검토할 필요가 있다.

남북 체제공존 통일방안이 어떠한 형태가 되든, 남북은 상호 체제 불간섭의 원칙을 남북관계의 기본원칙으로 확고하게 설정하는 남북관계를 구축할 필요가 있다.

이 체제 불간섭의 원칙은 상대 체제의 내정, 통치, 이

넘 등에 대한 철저한 불간섭의 원칙이 설정되어야 하는 것은 물론이고 간섭 방법에 있어서도 직접적인 간섭은 물론이고 간접적인 방법의 간섭도 철저하게 배격할 수 있어야만 통일 이후에 남북대결이나 이념 문제를 둘러싼 사회적 갈등이 빚어질 수 있는 소지와 위험을 차단하고 예방할 수 있을 것으로 본다.

또한 어설픈 민족적 요구를 포함하는 모든 문제에 걸쳐 철저한 불간섭의 원칙을 확립하는 것이 체제공존 통일방안의 절대적인 요구라 할 수 있다.

이렇게 해서 남한에서 북한체제는 철저하게 남의 일로 인식해야 하고 북한 역시 남한체제는 남의 일로 여기고 인식하는 체제관계가 형성될 필요가 있으며, 또한 이러한 체제관계를 형성할 수 있는 내용의 제도적 장치가 체제공존 통일을 위해 요구된다.

이처럼 철저한 남북체제의 분단과 분리는 체제공존 관계의 당연하고 필수적인 문제이기도 하다.

또한 체제 이념이나 가치의 측면에서도 사회구성원의 체제적응 등의 현실적인 문제에서 사회마다 적합하거나 필요한 체제가 각각 다를 수 있고, 모든 사회제도나 체제는 본질적으로 나름대로의 일장일단이 있기 마련이다.

통일 이후에 재발할 수 있는 남북대결이나 기타 분쟁

을 차단 또는 제거하기 위해서는 위에서 본 바와 같이 분쟁 등이 발생할 수 있는 소지가 거의 없고 분쟁이 발생하는 경우에도 그 위험성을 최소화하고 극복하여 평화관계를 지속하는 데 유리한 국가연합 형태의 남북관계가 오히려 항구적인 한반도 평화 및 평화적인 남북관계를 확고하고 확실하게 확보하는 데 더 적절하거나 적합한 형태가 될 것으로 인식한다.

그러나 이상과 같이 국가연합 형태의 통일방안은 여러 가지 측면에서 남북관계와 한반도 상황에 가장 부합하고 적절한 조건과 내용을 지니고 있음에도 불구하고 앞으로 통일방안에 대한 남북 당국 간의 협의에서 이 통일방안의 합의가 이루어질 가능성은 매우 낮다.

하지만 국가연합 형태의 통일방안에 대한 협의가 남북 당국 간의 논의 대상에서 배제되는 것은 옳지 않고 이 통일방안에 대한 협의나 논의가 필요한 경우엔 이를 반드시 협의하지 않으면 안 된다.

국가연합 형태의 통일방안에 대한 협의와 논의가 필요한 이유는 통일의 현실적인 혜택의 측면에서는 이 방안도 여타의 통일방안과 특별한 차이가 없는 가치를 지니고 있는 훌륭한 방안이기 때문이다.

그러나 국가연합 형태의 통일방안은 그 당위성이나

필요성이 매우 절실함에도 불구하고 많은 반대논의나 의견이 형성되고 여러 반대요인이 작용할 것으로 본다.

우선 일반적인 통일논의 또는 통일성서에서 국가연합 형태의 통일방안에 대한 반대는 이미 결론이 이루어진 상태라 할 수 있다.

즉 분단된 지 70년이 넘도록 통일을 이루지 못하고 있는 분단 상황 때문에 통일을 쉽게 실현시킬 수 있는 방안 모색이 무엇보다 중요한 통일문제가 되고 있는 현실에서, 통일을 가장 쉽고 간단하게 실현시킬 수 있는 통일방안인 국가연합 형태 통일방안의 필요성이 매우 절실함에도 불구하고, 이 방안이 안고 있는 남북분단 고착화의 문제성으로 인해 국가연합 형태의 통일방안에 대한 논의는 사실상 사회적 통일논의나 통일정서에서 배제된 상태라 할 수 있다.

또한 6.15공동선언에서 알 수 있는 바와 같이 국가연합 형태의 통일방안에 대한 논의는 남북 당국 간의 협의에서도 제외되고 있다.

그러나 국가연합 형태 통일방안의 치명적인 문제점으로 인식되고 있는 분단고착화의 문제는 좀 더 정확하고 구체적인 검토를 해볼 필요가 있다.

물론 국가연합 형태의 통일방안은 기본적으로 현재와

같은 분단 상태를 그대로 유지하려는 통일방안이기 때문에 확실하게 분단을 고착화시키는 통일방안이다.

그렇더라도 이 방안이 현재의 분단 상태를 통일의 골격 또는 기본적인 관계로 설정하는 내용임에도 불구하고, 현재의 분단 상태와 국가연합의 통일 이후의 분단 상태는 본질적으로 다른 차이와 의미를 갖게 되는 것을 검토할 필요가 있다.

이 두 개의 분단 상태의 차이를 보면 우선 무엇보다 현재의 분단관계는 현실적인 상황에서 적대적 대결관계이지만 국가연합 형태 통일 이후의 분단관계는 평화관계로 전환되는 중요한 차이가 이루어진다.

또한 현재의 분단 상태는 그 내용이 남북의 단절상태이지만 통일 이후의 분단 상태는 여러 가지 측면에서 소통상태가 된다.

양 분단 상황의 차이를 더 구체적으로 보면 현재의 남북관계는 휴전상태인 불안한 잠정관계이지만 통일 이후의 남북관계는 안정된 공식관계가 된다.

즉 유동성, 변화 가능성, 불안성 등을 안고 있는 현재의 불확실하고 불안한 남북관계가 남북 및 기타 국제적 합의에 따라 명확하고 확정적이고 안정적인 남북관계로 정착될 수 있고, 한반도의 위험한 분쟁관계가 평화적인 법적 제도적 조정관계로 변화하고 발전한다고 할 수 있다.

따라서 국가연합 형태의 통일방안은 남북 분단을 고착화시키는 통일방안이라기보다 위에서 보는 바와 같은 남북관계 변화와 남북의 실질적 통일을 이룩하는 의미 있는 통일방안이 될 수 있다고 본다.

다음으로 국가연합 형태의 통일방안에 작용할 수 있는 여러 반대요인을 살펴보면 우선 무엇보다 지금까지 남북관계의 저변에 끊임없이 작용해온 것으로 볼 수 있는 흡수통일 전략이 또한 어떤 형태로든 이 통일방안의 전략에도 상호작용을 하여 남북관계나 통일논의에 영향을 줄 것으로 예상한다.

통일이 쉽게 이루어질 수 있는 국가연합 형태의 통일방안이 실현되면 흡수통일의 기회가 사라지고 여러 가지 형태의 흡수통일 전략을 단념해야 하기 때문에 이 통일방안 실현에 제동을 걸거나 또는 적어도 이를 선호하지 않을 가능성이 높다고 본다.

다음으로 남한에서 북한체제는 배격해야 할 대상으로 인식하고 남북 체제공존의 통일은 통일로 보지 않고 남한 정치사회체제로의 체제통합만을 통일로 인식하는 계층이 막강한 힘을 보유하고 있기 때문에 국가연합 형태 통일방안의 또 하나의 장애요인으로 작용할 수 있다.

이러한 현실은 북한에서도 동일하여 북한의 연방제 통일방안을 고수하는 계층이 막강한 세력을 형성하여 국가연합 형태의 통일방안을 반대하는 경향으로 흐르게 되는 장애요인으로 작용할 것이다.

그리고 남북한의 이런 현실이 상승 작용하여 이 방안에 대한 더욱 강력한 제동요인으로 작용할 수도 있기 때문에, 통일을 가장 쉽고 간단하게 실현시킬 수 있는 국가연합 형태의 통일방안의 실현도 결코 녹록치 않는 문제가 아닐 수 없다.

그러나 남북한의 이런 계층의 반대에 대해서는, 남북한 체제의 어느 쪽도 부정되지 않고 다 유지되는 남북 체제공존의 통일실현에서 단지 상대 체제가 괴멸의 대상이라는 이유 하나만으로 민족의 숙원인 민족통일을 반대하는 입장을 끝까지 견지한다는 것은, 준엄한 민족양심의 저항을 받게 될 것이므로 크게 우려할 문제는 아닐 것으로 본다.

다음으로 통일문제에 대한 여러 전략 문제와 관련해서, 통일문제의 인식 착오나 착각 또는 통일현실에 대한 이해부족이라는 비난이나 비판 등이 제기될 가능성이나 우려가 없지 않지만, 통일문제 또는 통일계층의 여러 전략적 측면에 관한 이상과 같은 검토는 통일문제에 대한 대중의 올바른 인식에 도움이 되고, 통일반대 여론이나 세력의 배척 및 사회적 통일세력의 형성에 필요한 통일 정보 등에서, 전략적 측면이나 현실적인 전략문제는 무엇보다 중요한 부분이기 때문에 충분한 검토와 토의가 필요한 관점에서, 중요한 통일논의의 의미를 지닌다.

어떤 사안이든 그 사안의 전략적 측면은 사안 전체에 대한 전략이든 부분에 대한 전략이든 불문하고 전략은 사안에서 가장 중요한 핵심적 의미를 갖게 되고, 사안의 성패를 위한 수단 또는 사안에 가장 중요한 영향을 주는 결정적 요인으로 작용하는 중요성을 지니는 개념인데, 특히 통일문제에서는 그 의미나 중요성이 더해져 거의 모든 문제에 걸쳐 전략적 측면이 결정적 작용을 하게 되는 것은 치열한 남북대결 관계의 당연한 현상이라 할 수 있다.

필자는 7.4공동성명을 계기로 통일방안 등 통일실현을 위한 구체적인 논의가 제기된 이후 오래전부터 평소 남북한을 평화적으로 통합하고 통일할 수 있는 방안은 남북한 체제공존 통일방안이 유일한 방안인 것으로 인식해왔고 따라서 이러한 남북한 체제공존을 협의하는 남북대화만이 끊임없이 반복되는 남북대결을 벗어나 남북통일로 가는 길이고 또한 남북대화가 지향해야 할 올바른 방향이라는 소신을 줄곧 지녀왔다.

그러므로 김대중 정부가 들어서고 남북화합의 기운이 고조되자 통일방안과 같은 남북관계의 근본 문제에 대한 협의와 그 해결이 이루어질 수 있는 절호의 기회로 보고 남북대화가 이러한 방향으로 이루어지기를 염원했다.

하지만 당시 남북의 접촉과 대화는 이 같은 근원적인 문제에 대한 논의나 협의는 제쳐두고 우선 남북경제협력 문제를 다루는 대화로 전개되어 선평화후통일정책으로 일관돼온 남한의 통일노선으로 이어지는 남북관계의 기본적인 기조와 방향에서 이루어졌다.

이렇게 해서 남북관계의 근원문제인 남북통일 방안 또는 민족통합 방안에 관한 협의나 합의는 또다시 요원한 문제가 되고 말았지만 대신 남북 최초의 경제협력사업인 역사적인 금강산관광사업이 이루어졌다.

이처럼 당시 남북대화가 남북 체제공존의 남북통일이나 민족통합 문제를 협의하고 합의하는 방향이 아닌 다른 방향으로 흐르는 것을 보고 남북관계의 발전과 올바른 방향을 적시하고 촉구하고 싶은 강렬한 욕구가 치솟았다.

남북한 체제공존 통일정책을 통한 남북대립의 근원적인 해결 없이는 결코 한반도 평화와 민족통합을 이룩할 수 없다는 평소의 확고한 생각이 여전히 강렬했기 때문이다.

불본 6.15공동선언은 체제공존 통일방안에 관한 합의를 담고 있지만 남한의 연합 안과 북한의 이른바 낮은 단계의 연방제 안의 협상 타결 가능성을 선언한 것에 불과하기 때문에 이것을 남북한 체제공존 방안에 대한 구체적인 협의나 합의라고 할 수는 없다.

당시 필자는 새로운 남북시대에 즈음하여 남북한 체제공존 통일방안에 대한 합의를 위한 남북한의 대화를 언론을 통해 촉구하는 것도 의미 있는 통일운동이라고 생각하여 평소 친분을 갖고 있던 월간 『말』지 성유보 편집자를 통해 독자 기고문 취지의 글 게재를 부탁한 바 있다(부록 1: 남북대화가 정치회담으로 발전해야 한다. 글 참조).

그러나 며칠 후 『말』지 편집 지면에 맞게 글을 약간만 줄여달라는 요청을 받고 아예 발표 의사를 철회해버렸다.

철회한 이유는 당시 아무런 성과도 기대할 수 없는 글 발표로 인해 공연히 남북 간에 최초로 이루어지는 매우 의미 있는 금강산관광 사업을 폄하만 할 우려가 있었기 때문이다.

또한 당시 남북관계 발전 여하에 따라서는 남북경제협력을 통해 남북 체제공존 방안의 통일정책이 이루어질 수 있는 어떤 정치적 발전이나 성과가 이루어질 수도 있으리라는 막연한 기대도 없지 않았지만 그러나 예측했던 대로 아무런 정치적 발전도 이루어지지 못했고 결과는 지금 보는 바와 같은 핵전쟁의 위협에 떠는 위험한 한반도 상황으로 귀결되었다.

김대중 정부 대북정책으로 일컬어지는 이른바 햇볕정책은 분단사상 최초로 이루어진 획기적인 남북경제협력 정책이라는 역사적 의미가 있음에도 불구하고 긍정과 부정 양면의 평가가 다 있을 수 있다고 본다.

햇볕정책은 남한의 통일정책 기조에 따르는 북한체제 개혁 개방을 통한 흡수통일 개연성이 높은 정책이라는 본질적 측면에서 통일 성취와 관련 부정적인 평가를 받게 되지만 일정 부분 남북의 화해를 촉진하고 협력의 길을 여는 큰 역사적 기여를 한 측면은 긍정적으로 평가되어야 한다.

6. 체제공존 방안과 흡수통일 전략의 배치성

물론 햇볕정책은 북한이 항상 경계하는 흡수통일 정책을 배제하는 원칙을 내용으로 하고 있지만 그러나 어떠한 경우에도 남북관계는 기본적으로 흡수통일의 가능성이 배제될 수 없는 관계이고 햇볕정책도 남북의 이런 전략적 측면의 기본관계에서 예외가 될 수 없다,

햇볕정책을 통해 경제협력사업의 확대 등 상당한 평화체제의 진전이 이루어졌지만 흡수통일의 가능성이 완전히 해소될 수는 없는 문제였고, 따라서 이로 인해 발생할 수 있는 불신 등이 남북관계 발전에 여전히 부정적인 요인으로 작용했다고 볼 필요가 있고, 또한 북한의 핵무장 문제도 그 가능성이나 위험성이 완전히 해소될 수 없었으며. 이처럼 완전한 평화체제의 정착에는 늘 한계가 있는 남북관계의 필연성이 상존하기 때문에 여전히 남북의 평화가 근원적으로 완벽하게 보장될 수 있는 제도적 장치, 즉 남북의 체제대결을 해소할 수 있는 방안이 요구된다고 할 수 있다.

이처럼 평화증진을 통해 평화와 통일을 실현하는 선평화후통일 정책이나 전략은 항상 일정한 한계에 봉착하게 되는 것이 남북관계의 특수성이고, 따라서 흡수통일을 완전히 제도적으로 차단하고 배제할 수 있는 제도적 장치를 강구하는 것이 남북 쌍방의 흡수통일에 대한 경계와 의심을 불식시키고 평화와 통일을 실현할 수 있는 유일한 길이며, 이는 곧 남북 체제공존 통일방안을 실현

하는 방안이고, 이 중에서도 특히 흡수통일을 가장 철저하게 차단할 수 있는 제도적 방안인 국가연합 형태의 통일방안이 한반도와 남북의 평화를 확보하는 가장 효과적인 방안이다.

남북의 통일전략에 공통적으로 작용하는 것으로 보아야 하는 흡수통일 정책은 현 한반도 상황이나 첨예한 남북대결 상황에서 실현 불가능한 정책일 뿐만 아니라 통일정책으로서 현명하지도 정당하지도 못한 정책이다.

역지사지로 북한이 남한을 흡수하는 통일정책을 펼칠 경우 결코 남한이 이를 좌시하지 않을 것이고, 이런 관계가 뒤바뀌는 상황이 발생하는 경우 북한의 대응에서도 동일한 사태가 발생할 것이다.

흡수통일 전략으로는 결코 한반도 평화 실현이나 남북통일이 불가능하고 무엇보다 흡수통일 전략은 남과 북이 서로 가장 큰 경계와 경각심 또는 전략적 관심을 기울이고 있다는 것을 특히 주목할 필요가 있을 것으로 본다.

첨예한 남북대결 상황에서 남과 북의 일방적인 지배관계의 획책이나 흡수통일 전략은 서로 상대가 이를 결코 허용하지 않는 특수한 남북관계가 형성되어 있는 것으로 볼 필요가 있다.

오늘의 남북관계 현실을 볼 때, 일방적인 통일을 추구

하려는 강제적인 힘이나 전략을 획책하고 구사하려는 남북의 대립관계가 필연적으로 상대적 대응이나 견제를 받게 되는 상호 견제 관계를 형성하고 있고, 끊임없는 군비경쟁을 일으켜 남북의 손실 및 남북관계의 긴장을 증폭시키고 남북공멸로 치닫는 과정을 벗어날 수 없게 하고 있는 상황을 볼 수 있는데, 이것은 모두 흡수통일 집념이 빚어내고 있는 결과로 볼 수 있다.

현재의 핵전쟁 대결도 보기에 따라서는 남북의 흡수통일 전략 대결의 일환이고 결과라 할 수 있다.

이처럼 위험한 남북관계 현실이 더 이상 방치되거나 방관돼서는 안 된다.

이와 같이 흡수통일 정책은 남북이 지향해야 할 평화적 남북 체제공존 통합방안에 역행하는 전략이고 남북공존 통일정책의 가장 큰 저해요인이지만 상당한 기간이 지나고 첨예한 남북관계가 완화되거나 해소되면 자연스러운 사회적 기능에 의한 통일을 예측해보는 것도 충분히 가능한 문제다.

4

민족의
통일주체 역할의
중요성

1. 사회적 통일의식

일반적인 우리 사회의 통일의식을 살피면 대체로 통일을 민족의 가장 중요하고 절실한 문제로 보고 있고 또 반드시 이루어야 할 민족적 과업이라는 것을 인식하지 못하는 사람은 별로 없는 것 같지만, 그러나 이처럼 통일의 필요성이나 중요성에 대해서는 충분히 인식하면서도 통일이 이루어지기를 바라는 실제적인 통일욕망이나 적극적인 통일의지에 대해서는 통일은 마치 남의 일처럼 무관심한 생각을 하고 있는 것이 일반적인 사회의 통일의식 또는 현상이라 할 수 있다.

이러한 현상은 너무 오래도록 통일을 이루지 못하는 통일의 좌절감 또는 망각에서 발생하는 의욕 상실로 볼 수도 있으나 이보다는 통일이 현실적인 생활에서 절실하거나 절박한 문제가 아니기 때문에 발생하는 무관심의

탓이 더 클 것으로 보며, 그러나 통일을 이루어내야 할 통일주체의 통일역량 측면에서 보면 참으로 한심한 현상으로 큰 각성이 요구되는 통일의식이라 할 수 있다.

통일은 저절로 이루어지는 것이 아니고 통일주체가 싸워서 쟁취해야 하는 문제이기 때문에 통일을 이루기 위해서는 통일주체의 투철한 주체의식이나 강렬한 통일의지가 요구된다.

통일은 민족의 절대적인 요구이지만 동시에 통일에 얽혀 있는 여러 이해관계가 복잡하여 여러 가지 이유의 반대세력이나 주장 그리고 무엇보다 반대 계략이나 전략 등 반대작용이 만만치 않다고 보아야 하는 문제이다.

통일실현에서 적극적으로 통일을 이끌어가는 통일의 선도적 기능이 필요한 이유다.

구체적으로 한반도 상황은 외세를 비롯해서 남북 당국, 남북한의 여러 사회단체나 종교단체, 그리고 남북한 민족구성원 간의 제반 이해관계나 대립관계 등이 복잡하게 얽혀 있고 이러한 대립 등이 상호 충돌하거나 갈등을 빚고 있는 상황이기 때문에 통일문제에 대한 의견이나 입장이 다양하고, 이처럼 혼잡한 통일계층으로 이루어지는 통일의 사회적 기반과 복잡한 통일조건 속에서 통일 역량, 사회적 통일의식, 통일의 여러 가지 이해관계 등이 형성되는 것으로 보아야 한다.

2. 통일의 사회적 기능과 역할

그러므로 통일을 이루어가기 위해서 민족구성원이나 시민 또는 많은 사회인이 통일실현에 힘을 싣기 위한 통일 주체세력을 형성해서 통일추진에 적극적인 활력을 주는 통일의 사회적 영향이나 경향을 조성할 필요가 있고 이러한 형태의 적극적인 통일 주도적 역할이나 선도적 역할이 필요한 것은 위에서 본 바와 같다.

이와 같이 통일주체나 주역 등 통일세력이 형성되어 통일 주도적 역할을 다할 수 있으려면 먼저 풍부한 통일 논의가 활발히 이루어지는 사회적 분위기나 풍토가 이루어져야 하고 이를 실현시키는 사회적 기틀이나 기반 조성이 무엇보다 중요하다.

이러한 사회적 분위기와 풍토를 통해 사회구성원의 통일에 관한 자유로운 의견이 개진되고 이러한 통일의견이 모아져서 올바른 통일정책 등이 모색되고 통일여론이 형성되어 통일역량으로 결집될 수 있는 사회적 토대가 이루어질 때, 비로소 사회의 통일 기운이나 사회적 통일

기능 등이 형성되거나 조성되고 통일의 사회 주도적 역할이나 기능이 이루어질 수 있는 조건이 성숙될 수 있다.

그러나 통일의 이러한 사회적 수준이 이루어지기엔 우리의 시민의식이나 사회의 통일의식이 취약하고 너무 낮은 수준에 있어 사회적 통일세력의 실질적 형성을 생각해볼 수 없고 통일의 주도적 역할을 수행하는 사회적 기능이나 기운을 상상하거나 생각해보기 어려운 현실이다.

통일주체가 되어야 할 시민이나 사회인 또는 사회 대중의 통일의식이나 주체의식이 이러한 상황에 있으면 통일이 이루어질 수 없다는 것이 한반도 상황이고 남북관계 현실이며 민족 분단의 역사이고 남북분단 과정의 교훈이다.

민족구성원의 통일주체로서의 투철한 주체의식과 적극적인 통일역할이 통일을 이룰 수 있는 필수적인 조건이 된다는 당연한 사실이 새삼 강조될 필요가 있다.

이 땅의 주인이고 반만년의 긴 역사를 가진 민족의 숙원이 통일인데도 반세기가 넘는 오랜 기간에 걸쳐 통일이 이루어지지 않고 있는 이유는 그만한 반대요인이 작용하고 있기 때문인 것은 분명한 문제이다.

통일주체 세력의 적극적인 통일논의가 개진되는 사회풍토나 통일의 대도가 열리게 되면 통일에 부당한 정책이나 주장 등이 배척되고 통일반대 세력의 작용, 영향, 기타 여러 가지 음성적인 공작, 정략 등이 발붙일 수 없게 될 뿐만 아니라 통일의 이러한 사회적 기반은 정당하고 올바른 통일여론을 형성하여 통일을 이끌 수 있는 통일의 힘 또는 통일역량을 증폭시킬 수 있다는 사회적 인식의 공유가 필요하다.

지나온 분단 과정에서 많은 정권이 통일을 국내정치에 이용하고 민족의 순수한 통일의지는 안중에 없고 오직 정권의 속성, 정서, 기타 이해관계의 욕구를 충족시킬 수 있는 통일정책 또는 대북정책을 우선적으로 고려하고 획책하여 올바른 남북관계 발전이나 진정한 민족통일 추진에 부정적인 영향을 끼쳤던 것이 사실이다.

또한 통일과 관련된 정책이나 대책 등이 전적으로 민족의 순수한 통일의지나 주도적 역할에 의해 추진되었다기보다 외세의 이해관계나 영향, 작용 등에서 벗어나지 못한 사실도 부정하기 어렵다.

이상과 같이 오랜 분단의 역사에서 볼 수 있는 통일의 모든 부정적인 현상은 대부분 민족구성원의 통일의지의 취약 혹은 통일주체 역할의 포기 또는 방기에서 비롯됐거나 또는 주도적 역할을 다하지 못한 데서 발생된 부끄러운 현상으로 성찰할 필요가 있다.

이 밖에도 통일을 반드시 실현하겠다는 민족의 강력한 통일의지나 사명감, 투철한 책임감이나 통일의식이 충분하다고 보기가 어렵고, 이런 문제와 관련하여 크게 반성해볼 필요가 있는 문제도 많다.

위에서 본 바와 같이 누구나 통일을 간절히 바라고 염원하면서도 정작 통일에 관한 논의나 이야기를 하는 경우는 드물고 통일에 대한 대화 또는 의사 표현 등이 흔하지 않으며 통일을 화제로 의견을 주고받는 모습이나 좌담 등도 찾아보기 어려운 것이 사회현실이다.

이러한 사회적 현실의 문제점은, 왕성한 통일논의가 없다는 것이 문제가 된다는 취지가 아니고 통일에 대한 민족구성원의 관심이 너무 없다는 것이 문제점이다.

왕성한 통일논의는 불필요하다 할지라도 통일에 대한 사회적 관심이 사라지면 남북관계나 통일에서 부정적이고 위험한 결과가 올 수 있는 것이 남북관계 현실이다.

통일에 대한 민족구성원의 보다 높은 관심과 활발한 사회적 통일논의의 진전이 통일 실현을 위해 절실한 실정이다.

3. 사회적 통일논의 활성화

민족구성원의 풍부하고 활발한 사회적 통일논의와 대화를 통해 통일에 관한 중지를 모을 수 있고 사회적 통일여론을 형성하여 통일을 추진할 수 있는 민족적 통일역량을 확보할 수 있다.

다만 현실적인 통일실현의 핵심문제가 되는 통일방안에 대한 사회적 통일논의는, 모든 민족구성원 또는 국민의 의견을 하나의 통일방안으로 통합하는 것이 중요하기 때문에 여러 중론이 분분하는 현상은 결코 바람직한 일이 될 수 없고, 가장 훌륭한 통일방안, 특히 통일을 가장 쉽게 이룰 수 있는 방안인 남북 체제공존 통일방안으로 모든 민족구성원의 의견을 통합하는 통일논의가 절대적으로 요구된다.

특히 이 중에서도 국가연합 형태의 통일방안이 남북의 합의를 이끌어내기가 가장 용이한 현실적인 방안이기 때문에 이 방안에 전 민족구성원의 의견을 모을 수 있는 통일여론 형성에 초점을 맞추는 통일논의가 필요하고 또한 여기에 모든 통일운동을 집중할 필요가 있다.

통일방안과 관련 상이한 정치사회체제를 하나의 국가로 통합하는 것은 현재의 남북관계에서는 불가능한 비현

실적인 방안이므로 이런 통일방안, 즉 남북한의 정치사
회체제를 하나로 통합하는 형태의 통일방안은 사회적 통
일논의에서 배제하기 위한 논의가 필요하다.

현실적으로 실현이 불가능한 통일방안을 대중적 통일
논의로 확산시키는 것은 통일에 부정적이고 회의적인 의
식을 확산시켜 통일실현에 결코 도움이 될 수 없기 때문
이다.

특히 통일방안에서 연방제 통일을 선호하는 북한과
심각한 대립이 우려되는 상황에서 비현실적인 통일방안
에 대한 대중적 통일논의의 확산은 남북의 합의통일의
실현을 위해서도 바람직한 일이 아니다.

오랫동안 통일이 이루어지지 않고 있는 현실에서 비
현실적인 통일방안에 대한 사회적 통일논의의 확산은 많
은 민족구성원의 통일의식에 부정적인 혼란과 좌절감을
초래하게 되는 것은 물론이고, 그 통일방안의 비현실성
으로 인해 통일은 어려운 문제로 인식되어 통일의욕을
상실시키거나 감퇴시킬 수도 있는 문제이다.

따라서 남북한의 정치사회체제를 하나의 국가로 합일
하는 모든 통일방안의 연구나 검토는 단지 학자들의 학
문적인 과제로 인식하고 이해할 필요가 있다.

남북대화가 벽에 부딪힌 상황에서 민족구성원의 사회

적 통일논의를 통한 통일 요구와 촉구의 필요성이 어느 때보다 절실한 현실이고, 민족구성원의 강력한 통일의지가 정부의 통일대책을 이끌어가고 영향을 주는 통일구도 또는 통일과정의 구축이나 형성을 갈망하게 되는 상황이다.

4. 통일을 위한 민족구성원의 사명감

오천년의 유구한 역사와 전통을 자랑하는 우리 민족이 민족분단을 극복하지 못한 채 자칫 민족의 명맥이 끊길 수도 있는 매우 위험한 지경에 이르고 있다.

민족 분단을 극복하여 통일을 이룩하는 것은 당연히 우리 민족이 해야 하는 민족의 몫이다.

그러나 이러한 문제들이 민족의 손을 떠나 있다고 보아야 하는 것이 지금 한반도 현실이다. 통일문제 등에 관한 민주화가 절실한 이유이다.

적어도 이런 민족적 위기를 판단해볼 수 있는 민족구성원의 최소한의 관심이 통일실현을 위해 요구된다.

시민이나 사회가 보다 적극적인 자세로 통일에 대한 요구나 주장을 개진하고 남북관계 발전에 개입하여 올바른 대책 등을 촉구하는 전통을 세워감으로써 통일에 대한 민주적 요구가 보장될 수 있는 사회기틀이나 장치를 형성해낼 필요가 있다.

특히 누차 검토해온 남북 체제공존의 통일방안의 필요성에 관한 통일논의를 활성화시키고 확산하여 이 통일방안에 대한 남북당국 간의 협의와 합의를 촉구하는 통일여론을 형성할 필요성이 무엇보다 절실하다.

한반도 상황이나 남북관계의 모든 대결관계를 완벽하게 해결하기 위해서는 남북대결의 근원문제를 해결할 수 있는 체제공존 통일방안에 대한 당국 간의 협의와 합의가 무엇보다 중요한 문제임에도 불구하고 이를 위한 남북대화가 이루어지지 않고 있는 현실에서 이 체제공존의 평화적 통일방안에 대한 통일논의 활성화는 통일의욕을 한층 고양시킬 수 있고 남북관계를 발전시킬 수 있을 것으로 보여진다.

더욱이 남북 체제공존의 통일방안은 남북이 비교적 쉽게 합의하여 가장 간단한 과정으로 통일을 현실적으로 신속하게 추진해갈 수 있는 방안이라는 측면에서 좌절감에 사로잡힌 사회적 통일의욕을 고취시키고 파탄 상태에 처해 있는 남북관계를 발전시키는 좋은 수단이나 자극이 될 수도 있다.

이 남북 체제공존의 통일방안에 대한 충분한 토의와 의견교환을 통해 남북 정치사회체제의 합일만을 통일로 인식하여 통일은 어려운 것으로 단념하고 있는 계층에 대해 남북 체제공존의 통일방안으로 실질적 통일이 가능한 것을 인식시켜 통일의욕을 고무시킬 필요가 있고, 또한 북한체제는 궤멸의 대상으로 인식하고 남북 체제공존 통일을 통일로 인식하지 않는 계층에는 침예한 남북대결 상황에서 체제공존 통일의 정당성과 불가피성을 충분히 인식시키고 설득할 필요가 있다.

이와 같이 남북 체제공존 통일방안에 사회적 통일논의를 집중시켜 이 통일방안에 대한 전 민족구성원의 합의를 이끌어낼 수 있는 통일여론을 조성하는 것이 통일 실현을 위해 무엇보다 절실한 과제이고, 이 남북 체제공존 통일방안에 대한 전 민족적 동의나 합의를 목표로 하는 통일논의를 통일운동의 전부로 인식하고 여기에 모든 통일 노력을 집중해야 한다.

이렇게 해서 이 남북 체제공존 통일을 우리 민족이 모두 함께 추구하는 통일이념으로 정립할 필요가 있다.

남북 체제공존 통일정책을 반대할 수 있는 요인도 적지 않는 현실에서 체제공존 통일정책을 추진하기 위한 민족의 강력한 통일이념 형성이 필요하다.

부연하면, 통일에 관한 민족구성원의 이해관계나 소신 등이 각각 다를 수 있는 현실에서 모든 민족의 통일의지를 하나로 모을 수 있는 통일이념의 형성이 요구된다.

그것은 민족의 공존공영을 추구하는 통일이념이며, 이는 곧 남북 체제공존 통일을 실현하는 통일방안이다.

통일은 결코 불가능하거나 먼 곳에 있는 문제만은 아니며 남북 당국이 체제공존의 통일방안에 합의만 하면 금방 이루어질 수 있는 문제이다.

요컨대 남북 체제공존의 합의통일을 이루기 위한 남북 당국 간의 대화를 촉구하고 압박하는 데 모든 민족구성원의 통일 노력을 집중하는 것이 곧 통일을 이루는 길이다.

물론 통일이 완결되기까지는 수년이 걸릴 것으로 예상해야 하는 문제이지만 합의만 이루어지면 그때부터는 통일에 대한 비애가 아닌 희망을 가질 수 있게 되고 대결이 아닌 평화가 열리게 되고 고난이 아닌 남북의 경제공동번영을 추구하는 남북대화 형태로 통일과정을 추진해 갈 수 있게 된다.

5. 한민족의 통일 미래

그러나 민족구성원이 통일의 주체 역할을 다하기엔 우리 사회는 너무 먼 곳에 있는 것으로 보인다.

우선 지금 한반도에는 미국과 북한이 핵전쟁 훈련으로 맞서고 있는 위험한 상황이 전개되고 있다.

민족의 존립을 위태롭게 할 핵전쟁의 전운이 감돌고 있는데도 전쟁의 위험을 우려하거나 비판하는 말은 현실 인식 부족 탓인지 몰라도 별로 들리지 않는다.

이런 사회엔 통일의 미래가 없고 뿐만 아니라 사회 발전에도 미래가 없다.

물론 현재의 핵 대결을 단지 힘겨루기 대결로 보고 위험의 실체를 느낄 수 없기 때문이겠지만 인류사회에서 일찍이 없었던 위험한 핵전쟁의 대결이 전개되는데도 아무런 사회적 반응이 없다는 것은 기이한 현상이 아닐 수 없다.

이것은 단순한 전쟁대결이 아니고 통일과 관련된 정책대결의 문제이기도 하기 때문에 이 핵전쟁과 같은 위험한 상황을 모두 정부대책에만 맡기고 시민이나 민족구성원은 구경만 할 문제가 아니며 다른 대책이나 정책이 있으면 제시되어야 하고 정부, 북한, 미국 가릴 것 없이 위험한 방향으로 치닫고 있는 한반도 정책에 대한 비판도 있어야 될 문제다.

언제부터인가 대북정책이나 남북관계 정책은 오직 정부의 정책이 옳고 국민은 무조건 협력해야 되며 시정이나 견제는 안 되는 상황이 되었는데, 이것은 매우 잘못된 정치 상황으로서 그동안의 모든 정치인이 책임져야 할 문제이다.

통일문제는 어느 누구에게도 전횡되어서는 안 되는 문제이고, 민족 전체의 의견과 지혜가 모아져야만 통일이 가능하고 잘못된 통일방향을 바로잡을 수 있다.

민족구성원은 모름지기 모든 통일정책이나 대북정책 등에 의견을 제시하고 또 비판할 수 있는 권한과 의무가 있어야 하고 이래야만 민족이 통일주체로서 통일역할을 다 할 수 있고 올바른 통일정책이나 방안이 보장될 수 있다는 것을 오늘의 위험한 한반도 상황과 남북관계에서 잘 볼 수 있다.

지금 한반도에 조성되고 있는 위험한 핵전쟁 대결상황과 긴장은 시급히 해소되어야 하는 문제이고 이를 위한 대화나 회담이 어떤 형태로든 이루어져야 한다.

일단 긴장국면 해소를 위해 우선 북한의 여러 핵실험 중단과 유엔제재의 해제가 동시에 이루어질 필요가 있는 것이 상식적인 판단이다.

이렇게 긴장국면이 진정된 후엔 조속히 한반도 평화협정 체결을 위한 4자회담에 합의하고 한반도 문제와 남북관계를 근원적으로 해결하기 위한 일련의 개별회담을 각각 진행하는 절차가 요구된다.

다음 민족이 통일주체로서 통일역할을 다할 수 있기 위해서 요구되는 또 하나의 중요한 문제는 통일 실현에서의 외세의 개입이나 영향 문제이다.

여러 이해관계가 대립하거나 충돌하고 있는 한반도 상황에서 정부의 대북정책 및 기타 관련 사항이나 대책 등에 대한 외세 작용이나 영향이 높은 비중을 차지할 수밖에 없는 불가피한 남북관계 조건이나 현실 때문에 민족의 통일주체 역할은 더욱 중요한 의미를 갖게 되고 여러 가지 외세의 영향이나 작용에 대한 관리 역할이 필요하다.

혹시라도 있을 수 있는 외세의 부당한 간섭이나 영향에 대한 경계가 있어야 하고, 불가피한 외세의 영향을 민족의 통일방안에 유용하게 이용할 수 있어야 하고 가장 유리하게 활용할 필요가 있다.

그러나 민족이 통일주체로서 주도적 역할을 다하기 위해 시급하게 요구되는 가장 중요한 과제는 무엇보다 평화협정 체결이 아닐 수 없다.

평화협정 체결 문제는 현재 북미 간에 의견이 오가는 것으로 전해지지만 이것은 북미만의 문제가 아니며 남북관계에서도 적극적으로 신속하게 추진되어야 할 문제이고 정부가 그 방안을 시급하게 검토하지 않으면 안 되는 문제이다.

2014년부터 한반도 상황을 중심으로 신냉전의 기미가 싹트기 시작한 이후 동북아 정세가 점차 복잡한 국면으로 빠져들 위험이 고조되고 있다.

구한말 주변열강들의 침략 세력다툼의 각축장이 되었던 치욕적인 역사적 사실을 들출 필요도 없이 우리 민족은 한반도의 지정학적 조건이나 환경 때문에 늘 주변 외세의 침략이나 부당한 영향 등으로 인한 국제적 분쟁의 와중에 휩싸이고 국제적 긴장의 핵이 될 수 있는 위험을 겪게 되어 있다.

대립적인 관계에 있는 남북관계를 초월하여 한반도 상황을 둘러싼 국제정세에 우리 민족이 주도적으로 대처할 수 있는 장기적인 한반도 정책과 신중한 전략을 수립하여야 되는 이유이다.

일이 년도 못 되어 바뀔 수 있는 경박하고 즉흥적인 정책이나 대책 강구는 늘 외세의 영향에 휘둘리게 됨으로써 우리 민족이 주도적 역할을 할 수 없게 되므로 가장 금기시해야 할 문제이다.

가능하면 스위스연방처럼 중립과, 외세의 영향을 배격하고, 민족주체성의 확보를 내용으로 하는 한반도 원칙이나 입장을 정립하고 표방하는 것이 바람직스러운 정책이 될 수 있고 이러한 한반도 중립지대 설정은 동북아의 평화를 위해서도 필요하거나 적절한 상황이 될 수 있다.

끝으로 이상에서 본 논의는 모두 어디까지나 사회적 논의를 위해 제시하는 하나의 견해나 논의 제안에 불과하고 구체적인 판단 등은 당연히 충분한 사회적 논의 속에서 많은 의견의 형성으로 이루어지게 되는 문제이다.

헌법과 충돌하는 사안이 있으면 국민투표 등 합법적인 결정 과정이 있어야 하고 모든 결정은 이러한 과정을 통해 주권자인 국민이 하게 되는 것은 당연하다.

5

통일 실현을 위한
남북관계 기본 인식의
전환의 필요성

한반도 상황이 핵전쟁까지 우려하지 않을 수 없는 위험한 지경에 이르렀는데도 우리 국민은 전혀 이러한 위기의식을 느끼지 못하거나 또는 그런 위기의식을 가질 필요가 없는 상황으로 인식하고 있는 것처럼 보인다.

불안감이나 불안한 사회의식이 국민의 사회생활에 아무런 도움이 되지 않는다는 측면에선 바람직한 현상이지만 핵전쟁이 터지면 민족의 존립까지 위협받을 수 있는 절체절명의 민족적 위기에 관한 문제라 할 수 있는 중대한 문제에 대해 정부의 대북정책조차 관심을 갖지 않는 작금의 사회의식 또는 현실은 주권자인 국민이 가져야 할 올바른 국민의 입장은 아니다.

중대한 국가적 문제는 모두 정부에만 맡기고 국민은 무조건 정부대책에 따라야 한다는 안이하고 무책임한 국민의 일반적인 의식 또는 사회의식 탓이라 하겠지만 이런 중대한 국가적 문제일수록 더욱 각별한 국민적 관심 또는 논의가 요구된다고 할 수 있다.

필자는 우리 민족의 시급한 현안인 북핵문제와 관련하여 현 정부 출범 시점인 지난 2013년 3월 2일 나름대로 생각해온 북핵 대책을 국민신문고에 국민정책 제안 형태로 공개 제안한 바 있으나 그 후 한반도를 둘러싼 동북아 국제정세가 한층 복잡한 국면으로 빠져들 수 있는 위험이 예상되면서 위 국민신문고에 정책 제안한 바 있는 북핵 대책을 더 구체화한 내용의 통일정책, 즉 남북관계 기본 인식의 전환의 필요성을 내용으로 하는 통일정책을 재차 국민 정책 제안 형태의 통일정책으로 정부 당국에 지난 2015년 3월 비공개 제안하였다.

이어서 이 통일정책을 지지정당인 국민의당 정강정책 심의에 참고자료로 사용하도록 제안하기도 했다.

그러나 대북정책은 국민의 정책 공감이 무엇보다 중요한 것으로 생각하여 위 통일정책 내용을 담은 출판까지 추진하기에 이르렀다.

따라서 이러한 본서 출간 목적에 따라 위 통일정책을 그대로 본서 제5장 논술 내용으로 기술하였다.

이와 같이 본서 제5장 기술 내용의 통일정책을 발표하는 데 뜻을 둔 본서의 논의 내용은 각 장의 논의 부분이 혼란스럽게 중복되고 있는 측면이 있다.

1. 남북관계 및 한반도 문제에 대한
   기본 인식 전환의 방향

한반도 평화보장과 남북통일 및 북한의 핵문제를 해결하기 위해 남북관계에 대한 기본인식의 대전환이 필요한 시점에 와 있다.

즉 지금까지 남북관계 기본 정신 또는 기조가 되어온 선평화후통일정책에 대한 재고가 필요하고 정책 전환이 요구되는 상황이다.

구체적으로 지금까지와 같이 남북 사이의 긴장해소와 평화증진을 통해서 통일을 이룩하려는 기본 인식을 탈피하여 이러한 남북관계의 접근방식을 바꾸어 거꾸로 먼저 남북이 바로 통일방안에 대한 논의와 협의 담판을 통해 제도적 통일에 대한 합의안을 도출하기 위한 모든 노력을 기울여 민족통합의 제도적 방안을 합의하고 마련하여 이를 통해 남북관계 및 한반도 평화를 제도적으로 보장하는 선통일후평화로 정책방향을 변화시킬 필요성이 절실한 상황이다.

이러한 남북관계 및 한반도 정세 패러다임의 변화를 통해 남북관계와 한반도 문제 및 국제관계의 시급한 현안인 북핵문제도 자동으로 해결될 수 있으리라고 보기 때문이다.

2. 평화협정 체결 과정의 필요성

국제법적인 원칙에서 볼 때 한국전쟁 및 남북문제를 포괄하는 한반도문제의 협의절차는 마땅히 정전협정을 평화협정으로 대체하는 과정을 통해 한국전쟁의 평화회복과 남북통일의 두 개 문제를 주요 내용으로 하는 평화협정 과제에 대한 합의를 도출하는 것이 정상적이고 원칙적인 길이었으며, 실제로 이 같은 절차에 따라 1954년에 제네바 정치회담이 개최되어 한반도 평화회복안 및 통일방안 등에 대한 논의가 진행되었으나 회담이 아무런 성과도 거두지 못하고 불과 수개월 만에 무위로 끝나면서 지금까지 영구히 중단되고 말았다.

그 후 남북관계는 오랜 세월에 걸쳐 쌍방의 큰 민족적 손실을 겪으면서 끊임없는 남북대결만 반복해왔고 더욱이 이런 비이성적인 대결은 앞으로도 한쪽이 붕괴될 때까지 영구적으로 되풀이되리라는 전망 이외에 아무런 기대나 해결의 희망을 가질 수 없는 상황에 이르고 있다.

따라서 남북문제에 대한 협의 절차를 위와 같은 원칙

적이고 정상적인 과정으로 다시 되돌릴 필요가 있고 평화협정 체결 과정을 통해 새롭게 한반도 평화회복안 및 한반도 통일방안에 대한 협의와 협상을 재개하여 오늘의 남북관계 현안이 되고 있는 북핵문제와 전술한 남북 통일방안을 협의하고 결정하는 것이 옳은 방향이라고 본다. 법리상 북핵문제는 당연히 한반도 평화회복을 위한 군비감축의 핵심문제로서 평화협정의 주요 의제가 되고 가장 중요한 평화협정 내용이 되는 문제이기 때문이다.

남북대화의 협의 과정과 절차를 이처럼 전체적이고 대략적인 대화 추진에서 평화협정 체결을 위한 협의를 중심으로 하는 논의나 협상과정으로 다시 전환할 필요가 있다. 여러 어려운 문제와 사정이 관련 당사국 간에 복잡하게 얽혀 있는 오늘의 남북관계 및 한반도 정세가 모두 6.25한국전쟁에서 비롯된 문제이기 때문에 한국전쟁의 평화협정 체결 절차로 돌아가 문제를 협의하고 타결하는 것이 복잡한 문제를 비교적 쉽고 완벽하게 풀 수 있는 길이라고 보기 때문이다.

반세기가 넘도록 전개돼온 남북관계 및 한반도 평화증진 과정 또는 정책은 기실 전쟁지속 또는 전쟁유지 정책을 의미할 뿐이며, 여러 당사자가 관련되어 있는 한국전쟁의 완전한 종식을 위해서는 국제법의 원칙에 따르는 정전협정의 평화협정 대체가 필수적이고 합리적인 것이며, 이것 없이는 전쟁이 종식될 수 없다는 것이 한반도 상황에서 현실로 나타나고 있다.

3. 지금까지의 남북관계 성찰

평화협정 체결 과정을 벗어난 남북관계는 그동안 엉뚱한 방향으로 전개되어 60여 년의 긴 세월을 허송하면서 불필요한 대립과 대결만 계속하고 온갖 분단의 비극과 민족적 비애만 겪어오다가 결국 파탄이 필연일 수밖에 없었던 허구적이고 기만적인 햇볕정책과 같은 흡수통일 정책을 추진함으로서 급기야 남북관계가 핵무기의 위협에 떠는 심각하고 위험한 파국으로 귀결된 가운데 정작 한반도 평화회복이나 남북통일 방안과 같은 남북관계의 근본문제에 대해 대화하고 협의하는 본안의 논의나 합의에는 한발짝도 다가서지 못한 채 군사적 대결의 긴장과 위험을 더욱 증폭시키고 있는 것이 오늘의 남북관계의 현실이다.

반세기가 넘도록 남과 북은 평화통일을 주장하면서 나름대로 통일을 평화적으로 이룩할 수 있는 통일정책을 주장해왔지만 기실 각기 자기 체제와 이념을 구현하기 위한 일방적이고 전략적인 통일방안이나 통일정책을 서로 평화통일이라는 공통적 개념으로 포장하면서 두 전략의 대결을 지속해왔다.

이러한 대결 속에서 남북 간의 모든 갈등과 대립의 근본적 원인이 되는 문제로서 가장 우선적으로 해결해야 할 남북 통일방안 문제를 협의하고 절충하기 위한 노력이나 논의가 실종되고 남북 대화와 접촉이 이런 본안문제의 협의에서 벗어나 겉도는 악순환을 거듭하면서 더욱 심각한 대결국면으로 치달아왔다.

물론 그동안 남북기본합의서와 같은 본안문제에 대한 논의가 전혀 없었던 것은 아니지만 이 협의도 어디까지나 남북대결의 일환이고 과정일 뿐이다.

즉 이 합의는 남북관계에 대한 진지한 협의나 논의라기보다는, 경제적 실리를 챙기면서 민족적 자주성만 내세우려는 북의 정치적 술수와 통일을 국내정치에 이용하면서 흡수통일을 지향하려는 남의 정치적 술수가 대결하여 타협한 허구적인 정치적 합작으로서 선언적 합의일 뿐이고, 진정한 의미의 법적 제도적 합의가 되기엔 많은 문제점을 안고 있었다.

합의한지 1년도 못 되어 파탄 나고 만 사실이 이를 잘

입증한다.

이 합의서는 남북관계를 민족 내부의 특수관계로 규정하고 있는데, 이 같은 관계 설정은 남북관계, 북미관계, 동북아 주변국가 간의 전략적 대립관계가 복잡하게 얽혀 있는 한반도 상황을 더욱 어렵게 하는 조건이 될 수도 있다.

어차피 민족단일국가 추진이 불가능한 한반도 조건에서 이러한 관계설정 보다 국제법적인 국가연합 형태의 민족통합 방안을 추진하는 편이 분단 극복 과정을 간소화하고 쉽게 할 수 있기 때문에 더 합리적이고 현실적인 민족통합 접근방식이 된다.

이와 관련 현재 제기되고 있는 남북 연합제 안은 여기에서 논술하는 국가연합 형태의 남북통합 방안과는 다르게 이른바 6.15선언의 낮은 단계의 연방제 안을 비롯하여 민족공동체 통일방안의 남북연합 안, 기타 단계적 통합형태 등 다양한 형태가 논의 또는 상정되고 있으나 모두 아직 남북 당국 간에 합의되거나 또는 그 내용이 결정되지 않은 모호하고 불확실한 방안들이다.

이처럼 불확실하고 복잡한 민족통합 방안의 구상들은 한반도의 분단상황 극복을 더욱 어렵게 할 수 있어 현명한 접근 방식이 아니라고 보며, 국제법적인 국가연합 형태의 통합방안을 중심으로 하여 남북 당국의 통합방안이나 단계적 구분 등을 절충하는 것이 남북 간의 협상이나 합의를 용이하게 할 수 있다.

단일국가 형성이 불가능할 바엔 좀 더 분명하고 간결한 국제법적인 국가연합 형태의 통합방식이 분단 극복을 용이하게 할 수 있을 뿐만 아니라 또 통합 이후에 발생할 수도 있는 분규, 분열, 분쟁 등을 확실하게 차단 또는 방지하여 남북의 평화만이라도 확고하게 확보하고 보장하는 방안이라고 본다.

위의 여러 연합제 안 등은 부분적으로는 각각 차이가 있겠지만 크게 보아 그 골격은 모두 법적으로 주권국가의 결합이라는 측면에서 동일하기 때문에 남북은 어설픈 명분보다는 확실한 평화를 보장할 수 있는 방안에 초점을 맞추는 남북연합 형태를 모색하고 합의할 필요가 있다.

한반도 상황의 우선적인 과제인 평화실현을 위해서 역설적으로 통일과정의 점진적인 방안 또는 이질성 극복 문제나 체제통합을 위한 기능주의적 전략 및 어설픈 민족적 요구를 위한 논의나 노력 등은 현 단계에서는 상당 기간 회피하는 것이 오히려 한반도 분단 극복과 민족통합을 위해서 필요하리라고 본다.

이러한 노력들은 문제를 해결하기보다는 해결을 더

복잡하게 하고 어렵게 하는 많은 문제를 만들 수도 있기 때문이다.

통일을 향한 이보 전진을 위해서 일보 후퇴할 필요가 있는 이유이다.

요컨대 현 단계에서는 아이러니컬하게도 한반도 평화 실현과 분단극복을 위해서 1세기 정도의 확실한 남북분 단을 남북이 함께 공인하고 공식화할 필요가 있다.

지금까지 살펴본 것처럼 남북관계가 비이성적인 상황 으로 왜곡되고 굴절되어 해결의 실마리를 찾지 못하고 있는 이유는 너무나 분명하며 한마디로 진정한 평화적인 남북관계를 구축할 수 있는 방안을 모색하고 협의하려는 성실한 노력을 남북이 서로 기피하거나 외면하고 있기 때문이다.

이러한 측면에서 지나온 남북 대화와 접촉에 대한 진 지한 성찰이 절실한 시점이고 남북 민족 모두에게 비이 성적이고 불합리했던 남북관계를 민족양심에 따른 이성 적인 방향으로 돌리기 위한 노력과 협력이 남북 당국을 비롯한 모든 민족구성원에게 절실하게 요구되고 있다.

지금까지 진행되어온 남북 대화와 접촉의 귀결이라 할 수 있는 오늘의 남북관계를 살펴보면, 햇볕정책 등 평 화적인 흡수통일을 지향하는 남의 남북관계 추진 정책과 핵무기 개발 등 군사력이나 힘에 의한 적화통일을 지향하는 북의 폭력적인 정책이 첨예하게 대결하고 있는 상황에서 두 전략이나 정책이 아무런 접점이나 합의를 찾지 못한 채 어떤 성과는커녕 대결국면이 날로 심화되고 악화되는 방향으로 진행되어 그 어느 때보다 매우 위험한 남북관계 상황을 조성하고 있는 실정이다.

그런데도 5.24조치 해제, 금강산사업 논의와 같은 북의 요구와 천안함사태 사과, 이산가족 상봉 재개와 같은 우리의 요구 등 기존의 문제에 대한 협의와 논의를 중심으로 진행되고 있는 현재의 남북대화 상황에서 알 수 있는 바와 같이 아직도 남북대화가 종래의 대화 형태와 내용을 그대로 반복하고 있고 이미 실패로 확인된 이런 대화 방향이나 내용에서 전혀 달라진 게 없이 남북관계가 여전히 잘못된 방향에서 맴돌고 있음을 지적하게 된다.

이러한 남북관계 방향은 결코 남북문제를 근본적으로 해결하는 바른길이 될 수 없다.

남북관계가 계속해서 이런 방향으로 진행되면 정체된 남북관계가 타개되는 일시적 진전이 이루어진다 하더라도 앞으로 또다시 오늘과 같은 악순환을 거듭하지 않을 것이라고 보장할 수 없는 것이 남북관계의 특수성이다.

이러한 방향은 어느 한쪽이 붕괴되지 않는 한 결코 통

일문제나 남북문제를 근원적으로 해결하는 길이 될 수 없다.

긴 세월을 허송만 해온 이러한 남북관계 진전은 진작 바로잡아 정상적이고 이성적인 남북관계로 전환하는 노력을 했어야 되는 문제였으며, 끊임없는 대결만이 반복될 필연성이 높고 어떤 합의나 진전이 이루어진다 할지라도 일시적 미봉책으로 끝날 개연성이 높은 현재의 남북관계는 조속히 원칙적이고 이성적인 새로운 방향으로 전환해서 더 큰 파국과 위험을 막아야 한다.

지금 북의 4차 핵실험 후 한반도 상황이 매우 위험한 국면으로 변하고 있다.

한반도 상황이 이렇게 진전된다면 북한이 앞으로 계속해서 핵실험을 강행하여 더욱 강력한 핵강국으로 발전함으로써 상황이 더욱 위험한 국면으로 악화되리라는 것을 우려하지 않을 수 없고, 북한이 핵무장을 강화할수록 그만큼 대화와 협상은 더욱 어려워지게 된다는 것이 간과되어서는 안 되는 문제점이다.

북한에 대한 유엔 제제방안의 중요성 못지않게 평화협정 체결 등 한반도 및 남북관계의 평화적 해결 방안의 모색도 시급한 이유이다.

남북은 지금까지 진행된 남북관계 방향에서 조성된

결과라 할 수 있는 오늘의 남북관계의 위험스러운 상황을 잘못된 방향을 바로잡는 좋은 계기로 활용할 수 있어야 한다.

남북관계의 이러한 악순환과 시행착오는 길어질수록 그만큼 남북 양쪽에 다 같이 민족적 손실이나 피해만 커질 뿐이고 얻을 수 있는 것은 아무것도 없다.

반드시 남북대화와 접촉의 방향이 근원적으로 전환되지 않으면 안 된다.

전쟁상태를 법적 제도적으로 종식시키지 못한 채 지속되는 남북한의 대결관계는 사실상 전쟁상태의 연속으로 보아야 하고, 오늘의 남북 간의 불신과 극한적인 대립 및 북의 상투적인 억지, 거짓 및 도발이 계속되고 있는 상황도 모두 이러한 전쟁상태와 같은 상황에서 빚어지는 문제로 보아야 한다. 전쟁은 본질적으로 오로지 승리만을 위해 속임수, 억지, 거짓, 기만 등 부정적인 전술을 능사로 하는 개념이기 때문에 진실된 신뢰관계가 성립될 수 없다.

필자는 2년 전 박근혜 정부 출범 직후인 2013년 3월 2일 현 정권의 통일정책인 한반도신뢰프로세스 정책을 '난센스'라고 비판하고 시급한 북핵문제 해결을 위해서 평화협정 체결과 국가연합 형태의 통일방안으로 북한과 협의 담판할 것을 촉구하는 대북정책을 국민신문고에 공개 제안한 바 있다.

이처럼 평화협정 체결과 국가연합 형태의 통일방안 협의를 통해 북핵문제를 해결하는 통일정책을 통일부에 공개 제안한 이후 두 번째로 이 정책내용을 더 구체화한 통일정책, 즉 '한반도 평화 보장과 통일실현을 위한 남북관계 기본 인식 전환의 필요성'의 요지를 내용으로 하는 통일정책 제안서를 2015년 3월 11일 정부 당국에 비공개로 제안한 바 있다.

그러나 평화협정 체결에 앞서 북한과 사전접촉을 통해 평화협정의 필수적 내용이 되는 두 문제, 즉 북핵폐기 문제와 통일방안에 대한 사전 합의가 전제되지 않으면 안 된다.

이 두 개의 문제는 법리적으로 평화협정의 필수적 핵심 내용이 되기 때문에 사전 합의가 있어야 하고 이러한 합의가 불가능하면 평화협정 성립 자체가 불가능하므로 아예 평화협정 체결 논의나 협의를 할 필요조차 없는 문제이다.

하지만 만일 관계 당사국 간에 평화협정 체결의 중요성과 필요성에 대한 공감대가 이루어지고 합의된다면 악화된 남북관계 대결 국면을 평화국면으로 전환하는 돌파

구가 되어 남북관계 및 한반도 정세 패러다임의 변화를 가져올 수 있을 것이다.

그렇지만 이와 같이 평화협정 체결 문제에 대한 관계 당사국 간의 합의가 이루어지고 평화협정 체결의 필요성이 공감되고 합의된다 할지라도 반드시 이와 함께 북핵 폐기 문제와 통일방안에 대한 협의를 평화협정의 중심 내용이나 의제로 다룬다는 것을 사전 합의하지 않으면 안 된다.

남북문제와 한반도 문제의 협의를 이러한 방향으로 전환하게 된다면 앞으로 많은 시간이 걸리고 우여곡절을 겪게 되더라도 언젠가는 합리적인 해결이 가능할 것으로 본다.

관계 당사국 간의 이러한 협의에서 해결이나 합의를 가로막을 수 있는 결정적인 갈등적 요인은 없다고 보기 때문이다.

다만 북핵 폐기 문제와 국가연합 형태 남북통합 문제의 협의에는 많은 어려움이 예상되므로 이에 대한 협의와 협상에 우선적으로 모든 노력을 집중할 필요가 있다. 두 문제에 대한 합의가 이루어지면 여타의 남북문제는 순조롭게 합의가 이루어질 수 있기 때문이다.

4. 국가연합 형태의 남북통합 방안

남북관계나 대화가 반세기가 넘도록 아무런 성과를 이루지 못하고 대결을 계속하게 되는 근원적인 원인은 상이한 남북체제의 유지를 둘러싼 갈등과 대결 때문이다.

남북이 이러한 체제 대결과 갈등을 지속하면 어느 일방이 붕괴 또는 붕괴되는 방향으로 흘러가는 경우가 아니면 앞으로도 영구적인 대결로 이어져 남북이 공멸하는 상황으로 치닫게 될 가능성과 위험이 크다.

따라서 남북 모두에게 불리한 이 같은 체제대결을 피하고 평화적인 남북관계를 유지하기 위해선 오로지 남북체제가 공존하는 방안을 남북이 함께 협의하고 합의하는 방안 이외에 다른 길이 없다.

남북관계 설정에서 실현해야 할 과제는 평화와 통일이다. 그런데 서로 다른 체제가 첨예하게 대결하고 있는 한반도 현실에서 이 두 개의 과제는 상호 충돌할 수 있는 문제성을 내포하고 있기 때문에 두 요구를 모두 완벽하게 실현하기는 불가능한 문제이다. 즉 완벽한 통일을 실현하려면 체제의 대결 및 충돌로 인해 남북 간의 평화가 위협을 받게 되고 평화를 실현하자면 통일은 포기해야 하는 불행한 관계가 남북관계의 특수성이며, 두 개의 가치를 모두 추구하려다간 모두를 잃어버리는 파국으로 치닫게 되는 것이 남북관계의 현실이다.

그럼에도 불구하고 남북은 각각 자기 체제 유지를 위한 전략적인 통일정책이나 체제대결에 집착하여 평화적인 남북관계 유지를 위해 체제공존이 요구되는 남북관계의 특수성에 대한 검토 및 이에 대한 협의를 서로 외면하거나 도외시해왔다.

그동안의 남북관계를 좀 더 솔직하고 정직하게 표현한다면 서로 상대를 전복하고 붕괴시키기 위한 적대적 대결을 지속해왔다고 보는 것이 옳을 것이다.

이제는 이러한 적대적 대결이 오직 남북의 민족적 공멸만 초래하게 된다고 판단해야 할 시점이 되고 있고, 남북관계의 이성적 해결을 위해서 적대적 대결을 평화적인 체제공존 관계로 전환하기 위한 남북 공동노력이 절실하게 요구되는 긴박한 상황에 이르고 있다.

더 이상의 체제대결을 접고 남북체제가 공존할 수 있는 민족통합적인 통일방안을 도출하기 위한 남북 간의 협의와 합의에 대화를 집중하는 방향으로 남북이 함께 노력하는 새로운 남북관계 구축의 필요성이 절실하며, 이러한 체제공존의 통합방안을 모색하고 논의하는 방향으로 남북대화를 시급히 전환하지 않으면 안 된다.

상이한 남북체제가 평화적으로 공존할 수 있는 제도적 민족통합 방안 중 실현 가능성이 있는 가장 현실적인 방안은 국가연합 형태의 통일방안이다.

양심이 최선책이라는 말이 있듯이 남북은 민족양심에 따라 완벽한 통일에 대한 부질없는 욕심과 실현 불가능한 일방적인 통일정책을 서로 버리고 남북체제가 공존할 수 있는 국가연합 형태의 통일방안에 조속히 합의해야 한다.

이 통일방안의 구체적인 내용은 남북이 협의해서 결정할 사항이지만, 대체로 현재와 같은 분단국 상태인 남북관계를 기본 구조로 하여, 이러한 관계를 제도적인 남북통합 관계로 공인하고 공식화하여 정착화하는 데 합의하고, 이런 기본관계에 한층 민족적 유대를 강화하는 제도적 장치, 경제협력 등 협력관계를 규정하는 제도적 장치, 그리고 이와 같은 남북의 국가적 체제를 상호 존중 보장할 수 있는 제도적 장치 등이 설정되는 통합방안이어야 할 것이다.

물론 국가연합 형태의 통일방안은 우리 민족의 국가적 분단을 고착시키는 심각하고 치명적인 문제성을 안고 있다.

그러나 완벽한 제도적 통일이 불가능한 남북관계의 특수성부터 먼저 검토하고 이러한 특수성을 남북이 함께 인정해야 하는 것이 매우 중요하다.

한반도 평화와 완벽한 통일은 양립할 수 없는 것이 남북관계의 특수성이다.

우리 민족은 과거에도 국가적 분단을 경험한 일이 있다.

우리 민족사에 삼국시대가 있었던 것처럼 우리는 삼국의 분할 속에서도 각각 다른 민족으로 갈라져 다른 민족으로 달라지지 않고 한민족으로서의 명맥을 유지해온 역사적 사실을 가지고 있다.

한민족으로서의 지속적인 민족통합이 유지된다면 국가 개념은 형식적 문제에 불과하고 현실생활에 큰 어려움을 주는 문제가 아니며, 특히 오늘과 같은 글로벌 시대에서는 국가적 분단이 국민의 현실생활에 주는 불편이나 방해는 더욱 줄어들 것이다.

오히려 우리 민족은 단일민족으로서의 유대가 강하기 때문에 2국체제가 단일국가보다 두 민족국가 간의 협력을 통해서 유엔 등 국제관계에서 민족적 이익이나 위상 등을 증진시키는 방안을 강구하는 데 유리한 측면도 있을 것이다.

뿐만 아니라 국가연합 형태의 민족통일 방안은 무엇보다도 주변국가의 환영, 지지 또는 동의를 받기가 쉬운 통일방안으로서 복잡한 동북아 주변국가 간의 협의나 합의과정에서도 어려움이 없을 것으로 보아 국제정세에 부합하는 민족통일 방안이기도 하다.

요컨대 오늘의 남북관계에서 가장 시급한 과제는 이러한 국가연합 형태의 민족 통합 방안을 남북이 합의하여 시행하는 일이다.

이와 같이 국가연합 형태의 민족통합 방안을 민족통일 방안으로 남북이 합의해야 하는 것은 지금 우리 민족의 절대적인 요구로 보아야 한다.

이러한 민족적 요구가 실현되기 위해서는 남북관계 현실에서 체제공존 정책 추진의 불가피성과 필요성에 관한 남북 당국의 이성적 판단과 책임의식이 무엇보다 긴요하다.

국가연합 형태의 민족통합 방안을 제도적인 남북 통일방안으로 설정하는 남북 간의 합의는 남북 당국이 민족통합적인 차원에서 각각 남과 북의 체제를 초월하여 이루어내야 하는 문제이기 때문이다.

한편 북한은 남북의 제도적인 통일방안으로 연방제 통일의 국가형태를 주장하고 있지만 이러한 국가형태는 두 개의 체제가 첨예하게 대립하고 있는 오늘과 같은 남북관계 상황에서는 현실적으로 실현 및 유지가 불가능한 통일국가 형태일 뿐만 아니라 실현된다 할지라도 또다시 민족적 분열과 사회적 갈등을 유발시킬 수 있는 매우 위험천만한 국가형태이고 동북아의 국제관계와 관련해서도 어려움이 많은 방안이다.

따라서 연방제 단일국가 실현을 위해서는 많은 시간과 과정이 필요하고, 남북 체제 사회공동체의 상황 변화 및 사회적 갈등 해소를 위한 단계적 접근이 요구된다.

이를 구체적으로 예상해보면, 남북 양 체제가 단일국가 형태로 통합될 때 두 체제가 안고 있는 각각의 체제 이념적인 장단점에 따라 민족구성원으로부터 오는 체제 붕괴의 위험과 위협 도전 등을 받게 되리라는 것은 남과 북이 마찬가지이므로 양편에 다 현명하지 못하고 위험한 통일방안이다.

따라서 남북체제가 구분되어 공존하는 국가연합 형태 통일방안이 남북에 다 같이 가장 이성적하고 유리한 통합방안이고 우리 민족의 가장 현명하고 이상적인 통일방안이 된다.

하지만 이 연방제 통일방안은 국가연합 형태의 통합을 1세기 정도 시행한 후 형성되는 새로운 정치사회적 상황의 추이에 따라 남북이 합의하여 실현할 수 있는 이상적인 최종적 단일국가 형태가 될 수 있다고 본다.

따라서 남북은 통일방안에 대한 협의에서 한반도 통일방안은 국가연합 형태의 통일방안으로 합의하고, 연방제 통일방안은 일정한 기간을 거친 후에 시행하는 최종적인 미래의 통일방안으로 설정하는 절충안을 마련하는 협상이 충분히 가능할 것으로 보며, 6.15선언 제2항의 의미와 내용을 이러한 방향으로 수정 또는 해석해나갈 수 있으리라고 본다.

그렇지만 더 나아가 국가연합 형태 민족통합 이후의 남북관계 및 남북 사회공동체가 어떻게 변화할지는 쉽게 예단할 수 없는 신의 영역이다.

하지만 대체로 평화적인 남북관계 구축으로 인한 남북 사회공동체의 정치사회적 상황 변화의 추이를 전망해볼 때 다음과 같은 몇 가지 긍정적인 변화는 분명한 데 반해 부정적인 경향은 별로 없을 것으로 본다.

첫째, 남과 북의 체제가 평화적으로 안정되면 남북이 본격적인 이념대결을 펼칠 것으로 보며 그 결과는 남북 체제의 정치이념적 장점이 서로 남북 사회공동체 구성원의 의식 형성이나 향상에 좋은 영향을 줄 것으로 본다.

둘째로, 국가연합 형태의 민족통합은 북한체제의 개

방을 가져와 그동안의 남북 대결 및 관계악화로 크게 경직되어 있는 북한체제 사회공동체 구성원 간의 사회적 소통 기능을 향상시킬 것으로 전망된다.

그리고 문제를 바꾸어 남북의 어느 한쪽이 붕괴되어 완벽한 통일이 이루어지는 경우를 가정해보는 경우에도 결코 문제가 그리 간단하거나 녹록치 않다.

어느 한쪽의 붕괴로 인한 통일의 경우에도 남북의 민족적 분열은 여전히 지금의 남북대결 못지않은 심각한 후유증이 오래도록 잔존할 것으로 보는 것이 올바른 가정이다.

반세기가 넘는 오랜 세월에 걸쳐 상이한 남북체제에 익숙해진 생활방식이나 사고방식, 그리고 무엇보다도 이념적 생활철학이 각각 남북 사회공동체 구성원의 삶과 생활에 그만큼 깊숙이 체질화되어 있다고 보아야 한다.

따라서 이런 이질성을 극복하는 완벽한 통일이 이루어지기까지는 긴 기간이 소요되는 시간적 비용이 불가피한 문제이다.

문제는 민족통합을 위한 과정에서 이 시간적 비용을 어떻게 어떤 과정을 획정해서 쓰는 것이 합리적인가 하는 문제이다.

어차피 완벽한 통일까지 긴 시간이 필요하다면, 남북

체제 사회공동체 구성원의 이질적 갈등을 무리한 마찰이나 분쟁 없이 해소하고 또 그 갈등의 앙금을 최소화할 수 있는 최선의 방안을 찾아 이 시간을 쓸 수 있어야 한다.

요컨대 완전한 통일을 이루는 과정은 우선 남북의 현 분단 상황을 공인하는 과정부터 출발하여 무리 없이 단계적으로 이루어가는 것이 불가피하고 합리적이며, 따라서 남북 통합은 현 남북관계 골격을 토대로 하는 국가연합 형태의 통합으로부터 출발하는 것이 가장 이성적일 것으로 본다.

다음으로 이 같은 국가연합 형태의 통합 과정을 통해 단일국가 추진의 조건과 시간이 충분히 충족되어 연방제 국가 실현의 단계가 가능하게 된다면, 한반도를 중립지대화하여 이 연방국가를 스위스연방처럼 영세 중립국가로 발전시키는 역사적 상황에 이르게 될 수도 있을 것이다.

이 중립화 통일론은 냉전시대에 한 재일교포 언론인에 의해 제기된 일이 있고 당시 한반도 조건이나 남북관계에서는 실현 불가능한 주장으로 무시되어 힘을 받지 못했지만, 한반도의 지정학적 조건 및 우리 민족사의 여러 역사적 사실에 비추어볼 때 앞으로 역사 진전 여하에 따라서는 특히 요즘 형성되는 신냉전 기류와 같은 상황

이 미래 세대에도 발생하게 된다면 이 중립화 통일의 필
요성이나 중요성이 크게 달라질 수도 있을 것으로 본다.

5. 평화협정 체결 과정에서 발생하게 될
   제반 문제 검토

위와 같은 민족통합과 한반도 평화 회복을 이루고 한국
전쟁을 종식시키기 위해 거치지 않을 수 없는 평화협정
체결에는 많은 난제가 따른다.

그러나 평화협정 체결은 한국전쟁의 완전 종식을 위
해 반드시 거치지 않으면 안 되는 과정이고 또 무엇보다
한반도 상황에서 가장 위험한 난제가 되고 있는 북핵문
제를 해결하는 방안으로도 이 평화협정 체결은 매우 효
과적인 방법이 될 수 있기 때문에 이 협정 체결의 필요성
은 더욱 절실하다.

평화협징 체결을 주장하고 있는 북과 평화협정 문제
를 협의하게 되면, 북핵문제는 국제법적 법리에 따라 군
비감축의 핵심 내용으로서 당연히 평화협정의 가장 중요
한 의제가 될 뿐만 아니라 평화협정 체결과 더불어 북핵
은 마땅히 폐기되어야 하는 사안이 되기 때문에 북은 이

처럼 당연한 법리나 논리를 부정할 리가 없고 협정의 체결을 위해서 북핵폐기를 더 이상 거부할 수 없는 문제가 되며 또 한반도 비핵화 등 관련 문제에 대한 협상이 타결되면 거부할 필요도 없을 것으로 보아야 하기 때문이다.

평화협정 체결에서 반드시 협의 또는 해결해야 할 문제 중 일반적으로 난제가 될 것으로 예상되는 몇 가지 문제는 대체로 다음과 같다.

우선 미군주둔 문제가 법리에 따라 평화협정 체결에서 필수적인 협의 대상이 되는 문제이다.

그러나 평화협정 체결 전, 후에 따라 미군주둔 문제는 한국전쟁과 관련된 그 의의나 성격, 미군의 역할, 주둔 목적 등이 달라지기 때문에 우리 정부와 미국 간의 협약에 따라 결정해야 하는 새로운 문제가 된다고 보며, 남해안 도서 방면으로의 주둔지 이전 및 주변국의 양해나 협의에 따라 미군의 계속 주둔 협상이 반드시 불가능한 문제는 아니라고 본다.

다음으로 보상문제와 관련 북이 북핵폐기의 대가로 천문학적인 보상을 요구할 것으로 예상되는 문제가 평화협정의 성공적 타결에 대한 또 하나의 관건이 될 것으로 보인다.

그러나 6자회담을 통한 주변국의 협의와 협조를 받아

북에 경제적 지원을 하는 것은 우리 민족에는 크게 보아 바람직한 일이고 무엇보다도 평화협정의 성공적 타결을 위해서 북에 대한 경제지원은 필수적 조건으로 보아야 할 것이다.

이외에도 평화협정 체결의 추진과정에서 관련 당사국 간의 이해관계 또는 의견이 충돌하는 경우가 많이 발생할 것으로 예상되는데, 이러한 과정을 처리하고 성공적 타결을 이루기 위해서 미국과의 사전협의와 조정이 무엇보다 절실할 것으로 본다.

미국은 형식적으로 정전협정의 당사국으로서 평화협정의 당사자가 될 뿐만 아니라, 긴밀한 한미 동맹관계의 유지를 위해서도 양국이 하나가 되어 평화협정 체결을 협의해야 할 관계에 있기 때문이다.

미국과 협의나 합의가 이루어지면 다음으로 북한의 반응을 사전에 타진하는 것도 평화협정을 성공적으로 타결하기 위해서 필요한 일이다.

남북이 민족적 양심에 따라 솔직하고 진정한 의견을 나누는 것은 남북의 평화관계를 추진하는 데 무엇보다 중요한 문제이고 필요한 과정이다.

다음 평화협정 체결 주체와 관련해서 여러 가지 문제가 발생할 수 있다.

6.25한국전쟁의 실질적 당사국이고 현재 한반도 정세 및 남북관계의 중심적 위치에 있는 남과 북이 주체가 되어 관련국과의 협의 속에서 평화협정을 체결하는 것이 가장 바람직한 일이다.

그러나 이에 대해 대체로 평화협정 체결은 정전협정을 대체하는 절차이기 때문에 정전협정의 당사자가 그대로 평화협정의 당사자가 된다는 일반적인 평화협정 원칙에 따라 한국전쟁 정전협정 체결 당사자인 북한, 미국, 중국이 평화협정의 당사자라고 하는 공허한 이론이 지난 냉전시대의 국제정세 속에서 한때 제기된 일이 있다.

그러나 근원적으로 전쟁의 실제적인 당사자가 평화조약 체결의 당사자가 되어야만 그 조약체결이 의미가 있고 효력이 있는 체결이 될 수 있는 당연한 사리에 비추어 볼 때 이는 사실관계에서 엉뚱한 주장이다.

평화협정 당사자가 북·미·중이라는 주장에는 한반도 정세의 협의를 북한과 미국 간의 대화 형태로 가져가 한국을 배제하려는 북의 실현 불가능한 속내가 담겨 있지만 그러나 한국전쟁의 사실관계에 비추어 터무니없고 당치도 않을 뿐만 아니라 평화협정 체결 협의 자체가 성립될 수 없는 무의미한 것으로 현재의 남북관계나 한반도 정세에서는 전혀 문제가 되지 않을 것으로 본다.

6.25한국전쟁 정전협정에 한국이 빠진 것은 전쟁의 당사국이 아니었기 때문이 아니라 당시 정부가 휴전을 반대해서 일시적으로 서명을 거부했던 때문이었지만 정전이 되자 곧 정전협정을 존중해서 오늘에 이르고 있으므로 한국은 정전협정 체결의 실질적 당사자이다.

따라서 한국전쟁 당시는 물론 현재 평화협정의 실질적이며 중심적인 당사국인 남북이 평화협정 체결을 주도적으로 추진하는 것은 당연한 문제이다.

하지만 이 경우 관련국과의 협의 또는 합의에 따라 체결이 진행되고 이루어져야 하는 것은 당연한 일이다.

그러나 한국전쟁은 남북뿐만 아니라 미국과 중국이 참전했고 이 양국은 현재도 남북관계 및 한반도 문제의 협의에서 중심적인 위치에 있으므로 평화협정 체결 당사국 또는 주체는 남북 및 미·중 등 4자가 되는 것이 당연하고 가장 온당할 것으로 보며 또 가장 합리적일 것으로 본다.

이 4자회담 방안은 과거 제주 한미정상회담을 통해 제안되었던 일이 있고 이후 남북 및 미·중 4자를 주체로 하는 평화협정 체결이 제기되고 이 논의가 상당 기간 지속되었으나 결렬되고 말았다.

현재 북핵문제를 해결하기 위한 6자회담이 존속하고

있으나 우여곡절을 겪고 있는 상황에서 이와 함께 4자회담을 재가동하여 6자회담과 긴밀한 관계를 유지하면서 4자회담은 주로 평화협정 체결 문제를 협의하는 과정에서 평화협정의 주요 내용으로 북핵폐기 문제를 협의하게 된다면 북핵폐기에 대한 북한의 의견이나 조건도 반영되는 효과적인 협의 또는 협상의 타결이 가능할 것이다.

하지만 이처럼 4자회담을 통해 평화협정을 협의하고 체결하는 경우에도 협정의 성공적인 타결을 위해서는, 구체적인 협정내용 또는 의제에 따라 각각 합당한 별개의 협의기구, 즉 구체적으로 북미회담과 남북회담을 내부기구로 구성해서 여기에 전권을 주고 이 결정을 4자가 보장하는 구도의 협의가 불가피할 것이며, 또 이러한 협상 방식은 대미 평화협정 체결을 요구하는 북의 주장에 대한 하나의 대안이 될 수도 있을 것으로 본다.

평화협정 체결에서 협의하고 타결해야 할 과제나 의제는 크게 북핵문제와 한반도 통일방안의 논의가 가장 중요한 문제가 된다.

이 두 개의 과제 중에서도 그 타결이 매우 어려울 것으로 보이는 북핵문제는 북미회담을 별도로 개최하여 집중적으로 협의하고 논의해야 할 사항으로 이 기구에 타결을 비롯한 전권을 주어야 할 성질의 문제이다.

다음 한반도 통일방안은 당연히 우리 민족이 주체적으로 결정해야 할 사항으로 마땅히 남북대화를 통해 협의하고 합의해야 하는 문제이다.

남북 통일방안의 협의 과정은 상식적으로 남북한의 모든 정당, 사회단체가 참여하는 정치회담에서 결정해야 할 문제이지만 먼저 남북 당국자 회담을 개최하여 모든 협의과정과 원칙을 결정하는 것이 원만한 협의와 성공적인 협상을 위해 필요한 절차가 될 것이다.

그리고 북핵문제와 통일방안의 합의는 긴밀한 관련성이 있는 문제로서 두 문제의 협의는 밀접하게 연계해서 동시에 협상하고 협의하는 것이 북핵을 폐기시키는 효과적인 방안이 된다고 본다.

이 두 문제만 타결되면 평화협정 체결은 사실상 성공을 거두게 된다.

이 밖에도 정전협정을 평화협정으로 대체하는 일은 한국전쟁을 완전히 종식시키는 거창한 문제이고 또 협의 주체가 많기 때문에 합의를 이루기가 어렵고 문제의 협의과정이나 타결이 결코 순조롭고 쉽게 이루어질 수 있는 문제가 아니기 때문에 참으로 지난한 문제가 아닐 수 없다.

그러나 정전협정을 평화협정으로 대체시켜야 하는 문

제는 오늘의 남북관계의 현실에서도 절실하고 우선적인 과제가 되는 것은 말할 필요가 없다.

우선 평화협정의 대체 등으로 정전협정의 효력이 상실되지 않고서는 한국전쟁의 종식이 실현되지 않는다.

정전협정은 그동안 남북기본합의서의 불가침 합의나 북의 협정 무효화 또는 백지화 선언 등으로 만신창이가 되어 효력이 상실되고 사문화된 협정으로 생각될 수도 있지만, 그러나 현재 군사분계선 등에서 남북의 군사적 대결 상태와 남북관계 및 동북아 국제관계를 가장 강력하고 광범위하게 규제하고 있는 중요한 협정으로서, 이 정전협정의 역할을 무시하거나 경시할 수 없다.

또한 지금 정부가 기획하고 있는 평화공원 조성계획만 해도 비무장 지대에 관한 이 협약의 고려가 전제되지 않고서는 불가능한 문제이다.

한편 평화협정 체결은 북한도 주장하고 있기는 하지만, 통일정책 제안에서 문제가 있을 수 있는 점은 북한이 주장하는 평화협정 체결은 북미 간의 평화협정이기 때문이다.

북한은 4자회담 이래 간헐적으로 대미 평화협정 체결을 요구해왔는데, 이는 한국전쟁이 주로 인천상륙작전 등 미군의 군사력에 의존해서 주도되었던 사실에 의거

한미 동맹관계를 종속관계로 확대 왜곡·조작하고, 또 핵무기를 수단으로 하여, 한반도 관계에서 남북은 민족 내부의 특수 관계로 인식하여 남한의 영향력을 배제시키고, 한반도 문제 협상에서 북미관계를 주축으로 하는 대립관계를 형성하여, 북한의 국제적 위상을 강화하려는 전략에 의한 것으로 보인다.

그러나 한반도 문제의 중심축을 이루는 당사자는 어디까지나 남과 북이고, 따라서 한반도에서의 근원적인 대립관계는 북미관계가 아니라 남북관계라는 엄연한 현실은 누구도 부정하거나 왜곡할 수 없으므로 북의 이 같은 정책이나 전략은 현명하지 못하고 남북문제를 올바로 해결할 수 없다.

북은 남북관계를 민족 내부의 관계로만 보고 상이한 체제의 대립관계의 측면을 너무 경시하고 있는데 현실은 정반대라는 것을 인식할 필요가 있다.

남북한체제 대립 관계가 남북관계 및 나아가서 한반도 관계의 근원적인 핵심문제가 되기 때문이다.

따라서 북은 북미 평화협정 체결의 필요성 못지않게 남북 간의 평화협정 협의도 매우 중요하다는 것을 인식할 필요가 있다.

한편 극단적인 반북감정에 사로잡혀 북의 주장을 무

조건 배격하려는 남한의 일부 사회적 여론이 평화협정을 가로막을 가능성도 없지 않다.

하지만 남한은 북이 굴복과 패배를 강요받는 압박 속에서 평화협정 체결을 계속 주장하는 이유를 순수하게 주목해볼 필요도 있을 것으로 본다.

이와 같이 현재 평화협정 체결을 가로막을 수 있는 문제가 남북 양편에 다 있으므로 4자간의 평화협정 체결의 성공을 온전히 기대하기는 어려운 문제이나 이것이 불가능하면 한반도 문제 또는 남북관계의 평화적 해결은 요원한 문제가 된다.

게다가 평화협정 체결을 추진할 수 있게 되는 경우에도 추진 과정에서 돌출문제가 발생할 우려도 없지 않다. 특히 북의 평화협정 체결의 진의를 살피는 것이 중요하고 무엇보다 진정한 의미의 평화협정 추진 의지 또는 평화협정의 필수적이고 본질적 문제인 북핵을 폐기시킬 의지가 있는가를 살피면서 협정 체결을 추진할 필요가 있다.

1954년 제네바회담이 불과 수개월 만에 파탄으로 끝나고 말았지만, 그 후 반세기가 넘는 오랜 남북 접촉과 한반도 정세의 흐름을 거쳐 온 오늘의 상황은 그때와는 조건이 많이 변하였고, 그 동안의 경험과 시행착오에서 얻은 교훈과 이성적 판단 등에 의해서 북핵문제 등 오늘의 복잡한 한반도 상황의 해결 방안으로 평화협정 체결이 필요하다는 인식의 공감대와 합의가 남북 및 관련 당사국 간에 이루어지기만 한다면 협정 체결이 의외로 쉽게 풀릴 수 있는 가능성도 없지 않다.

문제는 평화협정 체결 필요성에 대한 관련 당사자 간의 인식과 합의이다.

이러한 합의만 이루어지면 합의 자체만으로 남북관계 및 한반도 평화와 정세는 급격하게 호전될 것으로 본다.

여러 가지 수많은 복잡한 문제를 안고 있는 평화협정 체결이 완전히 타결되고 성공하기까지는 많은 시간이 필요하고 수년이 걸리리라는 것을 예상해야 하지만, 평화협정 체결 방향으로 한반도 논의를 전환하기 위한 당사국 간의 합의가 이루어지면 그때부터 남북관계의 군사적 충돌의 위험이나 긴장이 현저히 줄어들고 남북관계는 전격적인 경제협력이라는 새로운 시대로 들어갈 것으로 본다.

6. 결론

요컨대 남북 대화와 접촉 과정을 평화협정을 체결하는

방향으로 전환하고, 평화협정 체결 절차와 과정을 통해 북핵문제를 해결할 수 있는 방안을 모색하고 협의하여 폐기하며, 또한 남북 체제공존 정책으로 국가연합 형태의 통일방안을 협의하여 합의함으로써 남북 간의 대립을 근원적으로 해소하여 영구적인 평화적 남북관계를 구축하는 내용의 통일정책의 채택이 위험한 국면으로 치닫고 있는 남북관계와 북핵 폐기 문제의 합리적 해결을 위해 매우 절실하고 시급한 과제이다.

북핵문제를 둘러싼
심상치 않은 움직임을 경계한다

(한반도신뢰프로세스 정책의
구체적인 정책 내용에 대한 경계)

보도에 따르면, '21세기 통일경제 연구원'(원장 윤진식 새누리당의원)이 포럼을 통해북핵과 관련 또다시 북한 개혁개방을 위한 대화와 협력의 필요성을 주장하는 대북정책을 제기하고 있다.

이런 주장이 나오리라는 것은 북한이 핵 실험을 감행한 후부터 이미 예상되어왔던 우려이다. 아직 유엔의 대북 제재안도 나오지 않은 시점에 당사국인 우리나라에서 이런 주장이 나오고 있는 것을 보노라면 이것이 과연 누구를 위한 것인지 어안이 벙벙할 정도다. 우리 속담에 때리는 시어미보다 말리는 시누이가 더 밉다는 야릇한 감정과 불쾌감이 치솟는다.

한반도 비핵화와 관련 우여곡절이 있기는 했으나 8여 년에 걸쳐 진행되어왔던 6자회담을 하루아침에 백지화 시켜버린 북한을 상대로 한 한반도신뢰프로세스의 대북 정책은 그야말로 난센스가 아닌가. 더욱 놀라운 것은 세 번에 걸친 핵실험으로 북한을 실질적으로 핵보유국으로 만들었고, 특히 핵보유국의 지위를 온 세계에 널리 선전 한 3차 핵실험이라는 엄청난 상황변화가 있었는데도 아 직도 신뢰프로세스 운운하고 있는 것은 결국 핵보유국이 된 북한과의 비대칭적 남북관계를 유지 발전해가겠다는 전략이 아닌가 하는 의구심을 갖게 하는 점이다. 북한의 핵실험에 대한 모호한 비난만으로는 국민에게 충분한 신 뢰를 줄 수 없는 것이 핵문제이므로 보다 구체적이고 명 확한 정책내용이 가능한 한 빨리 제시되어야만 불필요한 오해나 불신을 불식시킬 수 있을 것이다. 북한의 핵보유 의도가 꼭 무기로만 사용하기 위한 것이 아니고 남북대 결에서 심리전이나 협상용으로 이용하려는 전략에 있다 는 것이 분명할진대 이에 대한 실용적인 대응책이 반드 시 있어야 한다고 본다.

지난날의 대북정책에서 포용정책이나 북한 개혁개방 정책이 완전히 실패한 상황에서 새로운 대북정책 또는 전략이 모색되어야 하는 것은 너무나 당연하다. 그런데 지금 우리의 안보라인에서 중책을 맡고 있는 인사의 대부분이 지난날 북한이 핵을 보유하게 된 과정에서도 요직에 있었으므로 과거의 경험과 정보를 자산으로 북핵문제와 관련 국민 앞에 책임 있는 대비책을 마련해야 할 것이다. 지난 MB정부의 대북정책은 그 이전 정권과 다소 차이가 있는 정책을 추진함으로써 항상 요란한 우리 사회 진보세력의 의견을 제외하고는 대체로 절대 다수 국민의 지지와 공감을 받을 수 있었다고 보며 이러한 정책이 남북관계의 긴장이나 진화를 빌미로 또다시 실패한 대북정책으로 돌아가는 것을 국민은 원하지 않는다.

대북정책에서 북핵폐기가 아니면 백약이 무효이다. 앞으로 남북대화는 어설픈 대화나 협상이 아닌 북핵폐기를 직접 겨냥한 담판을 해야 한다. 이를 위해선 우선 북한 인민이 3대 세습의 북한정권을 타도하기를 기다리는 또는 소련처럼 공산정권 몰락의 기회를 기다리는 막연한 기다림이나 기대부터 벗어던져야 한다. 북한은 선군정치로 북한 인민이 꼼짝할 수 없도록 철저한 탄압통치를 하고 있고 많은 공산정권이 몰락할 때도 살아남은 정권이다. 더욱이 북한은 핵을 보유한 이후로는 앞으로 평화공세를 취하고 경제건설과 부흥에 전념함으로써 중국처럼 사회주의 시장경제체제를 구축하여 인민의 지지를 받을 수 있는 통치기반을 더욱 굳건히 다져나가는 방향으로 전환해갈 것이다. 무엇보다 완충지대의 지리적 조건 때문에 중국의 절대적 보호가 확실하게 담보되어 있어 중국이 무너지지 않는 이상 절대 안전한 국가의 유지가 보장될 것이다. 이처럼 중국은 자신들의 국제적 이해관계로 말미암아 북한을 공동운명체로까지 인식할 것으로 판단되기 때문에 지금 중국을 과신하고 있는 이른바 진보주의 학자 또는 인사들의 견해나 중국과의 협력으로 한반도 문제를 해결하겠다는 정책을 과신해서는 안 된다고 본다. 다만 북한의 핵보유는 여러 가지로 중국의 국제적 이해관계에 심각한 타격을 주기 때문에 북핵을 폐기시키는 문제의 차원에서는 중국의 힘을 이용하거나 공동대처하는 것이 가능하고 현명한 정책이 될 수 있다는 것은 쉽게 이해할 수 있는 문제이다.

담판을 통해 북핵을 폐기시킬 수 있는 길은 어렵지만 너무나 분명하다고 본다. 북한으로 하여금 핵을 폐기토록 압박할 수 있는 길은, 한편으로 우리도 핵무기의 보유를 준비해나가면서 다른 한편으로 북이 내세우는 핵보유의 이유나 필요성에 대해 그 소지를 근원적으로 없애는 정책을 가지고 북핵폐기를 위한 협상에 나서야 한다.

구체적으로 6자회담의 보장으로, 정전협정의 평화협정 대체 및 북한의 대미수교를 북핵폐기와 맞바꾸는 협상과 함께 국가연합 형태의 남북한 제도적 통일방안을 함께 다루는 협상을 우리나라가 주도적으로 압박하는 방안 등을 종합적으로 과감하게 시도해볼 필요가 있다.

국가연합 형태의 제도적 통일방안은 우리 민족에게 남북분단을 고착화시키는 문제점을 안고 있지만 다른 한편으로는 남북한의 긴장관계를 제도적으로 해소함으로써 완벽한 남북한 간의 평화를 이룩할 수 있는 가장 현실적인 통일방안이 될 수 있다.

또한 한반도를 둘러싸고 있는 주변 관련국의 동의나 합의를 이루기가 쉽고 국제적으로 한반도 평화를 확실하게 보장할 수 있는 방안이 될 수 있다고 본다.

이것은 북한에 대해서도 체제의 안정 속에서 경제 건설 및 부흥에 전념할 수 있도록 함으로써 북한이 개혁 개방의 길로 나설 수 있는 유일한 길이라고 본다. 그러나 협상타결을 압박하기 위한 수단으로 협상 타결 전까지는 5.24조치가 지속되어야 하고 핵무기 보유를 위한 준비를 서둘러야 한다. 이 같은 대북압박 수단을 통해, 핵보유의 결과는 인민의 고난의 행군만을 가져온다는 사실을 북한 인민에게 일깨워줄 필요가 있고, 핵무기 보유를 위한 준

비에서는 무엇보다 핵주권이 주요 관건이다.

핵주권을 갖는다는 것이 반드시 핵보유를 의미하는 것은 아니고 보다 넓은 개념으로서 이것은 북핵문제 해결을 비롯하여 주변국들에게 우리나라의 영향력과 힘을 강화하는 주요 변수로 작용할 것이다. 따라서 우리 국민은 조만간 이루어질 원자력협정의 갱신을 주시하지 않을 수 없다. 우리가 미국으로부터 반환받을 것은 전작권이 아니고 핵주권이다.

2013년 3월 2일

강서구 시민 장재철

* 이 글은 필자가 북핵문제에 대한 정책제안으로 국민신문고에 올린 글임.

남북대화가 정치회담으로
발전해야 한다
(남북은 상호공존 관계의 제도화 논의 방향으로
민족화해의 길을 찾아야 한다.)

통일을 보는 우리의 인식에서 새로운 전환이 요구되고 있다.

군사대치와 지속적인 대립 대결 속에서도 남북한 간에는 지금까지 평화와 통일을 위한 많은 노력과 접촉이 이어져 왔다.

또한 7.4공동성명을 비롯하여 남북기본합의서 등 매우 중요하고 의미있는 합의를 이루어냄으로써, 남북의 접촉과 대화는 많은 결실을 거두기도 하였다.

그러나 이러한 모든 노력과 결실에도 불구하고 분단 이래 지금까지 남북관계는 일정한 한계에서 벗어나지 못하고, 화해와 통일을 향한 아무런 진전을 이루지 못한 채 대립과 대결을 계속하는, 변함없는 상황이 지속되고 있다. 시대상황이나 여건에 따라 때로는 대화 때로는 긴장을 반복해왔지만, 대립과 긴장을 해소하고 진정한 화해와 평화를 향한 발전에서는 전혀 변화가 없는 똑같은 수준을 맴돌고 있는 것이 반세기에 걸친 남북관계의 실상이라 하겠다.

그런데 문제는 이제까지의 이러한 남북관계의 현실이 아니라, 앞으로도 이런 남북관계의 양상은 달라질 것 같지 않는, 다시 말해서 새로운 진전을 기대해볼 수 있는 어떤 전망이나 희망이 보이지 않는다는 데 있다.

이렇게 전망되는 근거는, 사회체제가 서로 다른 남북의 당국은 다 같이 그들이 내세우는 주장이나 말과는 달리 통일을 민족의 지상과제로 생각하기에 앞서 먼저 자기 체제의 안보와 유지를 가장 우선적으로 고려하지 않을 수 없고, 통일은 자기 체제의 존립 속에 상대를 흡수통합하는 전략적 차원에서만 생각하는 정책과 집념으로 대립하고 있으며, 이처럼 반드시 자기 체제로의 통일을 이루려는 집념의 대결, 대립은 앞으로도 절대 달라지지 않을 것으로 보아야 하기 때문이다.

남북의 이러한 대립은 서로 상대방의 흡수통합에 대

한 상호 의심과 불신, 그리고 이에 대처하는 빈틈없는 상호 경계를 낳고 있고, 또 그 양상이 점점 더 지능화하고 타성이 되는 방향으로 한층 심화되고 있다.

이러한 대립이 지속되는 한 이른바 정부의 햇볕정책 및 경협을 통한 남북관계 개선책을 포함하여 앞으로 있을 그 어떤 변화도 평화와 통일을 향한 진정한 남북관계 발전에서는 지금까지와 같은 일정한 한도를 넘어서는 진전을 기대하기는 어렵다.

물론 최근의 경협을 통한 남북관계 발전은 전에 없던 새롭고도 매우 고무적인 진전이지만, 그러나 이것도 경협이 경제적으로 서로에게 상호이익이 되기 때문에 이루어진 합의로서 오직 경제문제에 국한되는 성격을 지닌 발전일 뿐, 그 이상의 의미를 찾는 것은 한낱 막연한 기대에 지나지 않는다.

우리의 분단사에서 남북관계의 전환의 한 획을 그은 것으로 볼 수 있는 7.4공동성명만 놓고 보아도 그것이 과연 민족분단을 극복하는 데 실질적으로 얼마나 기여를 하고 효과가 있었는지엔 올바른 인식을 가질 필요가 있다.

또한 무릇 모든 합의나 약속은 그 이행과 실현을 본질적 내용으로 하는 것인데 1992년도에 체결된 남북기본

합의서는 지금 한낱 공허한 구호나 명분에서만 남아 있을 뿐, 이 합의서의 실현은 또 다른 정치적 계기를 필요로 하는 별개의 문제가 되고 있다.

이 밖에도 지금까지 있어온 남북한 간의 모든 관계가 다 같은 사례에 속한다.

그런데 서로 상대를 부정하는 저의가 깔려 있는 남북의 이러한 대립은 이 상호부정적인 저의가 서로 바뀌지 않는 한 끝없이 계속되기 마련이다. 그러므로 둘 중 하나가 없어지지 않는 한 남북의 적대적 대립은 쌍방이 서로 대립을 해소시킬 수 있는 방안을 찾아 합의하고 이 합의를 실현시키기 전까지는 끝나지 않게 되어 있다. 반세기에 걸친 남북관계가 진정한 민족화합을 위한 한 치의 진전도 이루어내지 못하고 있는 실상이 이를 잘 말해준다.

여기에서, 이제 남북당국은 어느 쪽도 자기 체제로의 일방적 흡수통합을 위한 집념은 상대에 의해서 결코 허용되지 않고 오직 끝없는 민족의 대립만 지속시킬 뿐이라는 사실에 대한 냉엄한 인식으로 돌아가, 더 이상의 부질없는 대립과 대결을 종식시키고 남북관계에 새로운 시대를 열어야 한다.

진정한 남북화해와 협력을 열어가는 새로운 남북관계의 전개는 오직 확고한 상호공존을 통해서만 가능하고,

이 상호공존 관계를 제도화하기 위한 노력을 남북이 함께 기울여나갈 때만 이루어질 수 있는 문제이다.

상호공존을 보장할 수 있는 제도적 장치의 구축 없이는 지금까지와 같은 불안하고 불확실한 대립관계에서 벗어날 수 없고, 상호공존 관계의 제도화만이 체제와 입장의 차이에서 발생하는 대결, 불신, 오해, 오판, 경계 등 모든 대립의 소지를 근원적으로 제거할 수 있다.

남북관계와 통일에서도 정직은 최선책이 된다. 사회체제가 이질적인 남북 간의 평화유지와 공존에서는, 상호경쟁은 불가피하다 하더라도, 서로 상대의 체제안전을 존중하고 민족적 양심과 정직으로 상호신뢰를 쌓는 것이 무엇보다 중요하다.

남과 북은 양쪽이 다 같이 확고한 상호공존 장치에서 각자의 체제안전 및 이익과 함께, 남북의 평화와 공동이익을 찾아야 하고, 화해와 협력은 물론 민족의 일치를 이루어야 한다.

통일을 추진하는 당국의 의지와 정책에서 새로운 전환과 획기적인 진전이 절실하게 요구되는 때다.

문명의 급속한 발전으로 세계가 급격히 변해가고 있는 지금 우리 민족도 새 세기의 시작과 더불어 반세기에 걸친 끝없는 대립과 막연한 환상에서 깨어나, 민족의 새

역사를 창조하기 위한 정치회담의 개최로 새로운 남북관계를 발전시킬 때가 되었다.

남북당국은 체제공존을 보장할 수 있는 모든 결합방안, 통일방안을 놓고 허심탄회하게 협상하기 위한 정치회담의 개최에 합의해야 한다. 이것이 남북 간의 진정한 화해와 협력을 열어갈 수 있는 유일한 길이기 때문이다.

물론 아직 평화협정도 체결하지 못하고 있는 휴전상태에서의 준비 없는 정치회담이 도리어 무리한 졸속으로 인한 파국과 부작용을 부를 수도 있다. 그러나 이러한 성격의 대화만이 진정으로 남북관계를 개선 발전시킬 수 있는 길이고, 또 어차피 이 협상과정이 평화통일 논의에서 피해갈 수 없는 가장 중요하고 핵심적인 부분이라면 여타의 남북문제나 현안은 모두 지엽적이거나 절차적인 문제에 지나지 않을 것이다.

또 이 문제는 당연히 남북을 둘러싸고 있는 주변정세나 여건과의 관계가 면밀히 검토되어야 하고, 특히 지금 진행 중인 4자회담의 장애요인으로 작용해서는 안 될 것이다. 그렇지만 4자회담과 보조를 맞추어가는 정치회담의 병행은 통일과 남북문제를 우리 민족이 자주적이고 주체적으로 주도해가면서 남북문제를 총체적으로 해결해갈 수 있는 매우 현명하고 유익한 길이 될 수 있을 것이다.

그러나 물론 정치회담의 개최가 곧 통일에의 진전을 의미하는 것은 아니며 거기에는 참으로 어려운 결정적인 문제들이 도사리고 있다. 또 1, 2년 안으로 타결을 볼 수 있는 성질의 회담도 아니다.

뿐만 아니라 협상이 성공을 거두게 되는 경우에도, 협상과정에서 협의의 원칙이 되어야 할 상호공존 문제가 통일에 반하는 속성을 지니고 있는 점을 감안해볼 때 통일관점에서 만족보다는 불만족스러운 결과가 나올 가능성이 높다고 보아야 할 것이다.

기본 골격이 연방제 형태인 결합방안 가운데서 남북관계의 현실에 부합하고 남북이 합의할 수 있는 방안을 창출해내는 것이 가장 이상적이겠지만, 그러나 우리가 남북의 결합을 상호공존 관계에서 찾으려고 하는 한, 국가연합과 같은 결합방안도 배제해서는 안 된다.

같은 민족으로서 별개 국가로서의 결합은 통일을 미완의 상태에 둠으로써, 대립관계가 불식되어야 할 남북연합 이후의 남북관계에 또다시 통일을 향한 새로운 대립을 조성해갈 위험을 안고 있기는 하나, 이런 위험성만 제거된다면 국가연합 형태가 상호공존 관계의 관점에서는 도리어 더 현실적인 결합방안이 되기도 한다.

따라서 협상의 결과가 통일보다는 분단 쪽에 더 가까운 국가연합과 같은 극단적인 경우가 되더라도 우리는 이것을 협상의 파국보다는 더 나은 결과로 받아들여야 한다.

무엇이 되었든 타결의 결과는 민족의 대립을 극복하여 평화를 확보하고 민족의 한을 풀어 분단의 아픔과 손실을 덜고 한민족으로서의 공동이익과 행복을 도모할 수 있는 민족 재결합을 의미하게 될 것이고, 이로써 충분히 통일의 가장 중요한 부분을 이룩하는 남북의 역사적 결합이 될 수 있을 것이다.

어차피 남북 양 체제의 공존을 받아들이지 않을 수 없는 것이 남북관계의 현실이라면 모든 부분의 일치를 이루는 완전한 통일은 불가능한 문제이다. 하지만 민족통일이라는 말은 보기에 따라 여러 의미와 정의가 있을 수 있다. 체제의 합일을 목표로 하는 완전한 통일을 지향하게 되면 남북의 끝없는 적대적 대립을 막을 길은 없다.

1998년 11월 20일

장재철

필자주: 최근의 금강산관광 등과 관련하여 일부 국민이 통일에 대해 지나친 기대를 갖는 것을 보고 평소 이와 다르게 생각해온 필자의 남북문제에 관한 견해도 발표할 필요가 있겠다는 생각에서, 관광선 첫 출항에 맞추어 지난해 11월 20일 이 글을 작성하였다. 통일은 소원이나 의욕만으로 달성될 수 있는 과제가 아니다. 통일과 관련해서 우리는 이제 더 이상 허상이나 정치적 현실에 속거나 우롱당해서는 안 된다. 통일을 추구하는 올바른 길은 냉정으로 돌아가 통일문제가 안고 있는 여러 요인들을 과학적이고 합리적으로 분석하여 해결의 길을 모색하는 태도를 견지할 필요가 있다. 이러한 합리적 태도에 입각한 민족적 논의가 활성화되고 여기에서 형성된 통일의 길이 통일의지의 현실적 내용을 이루게 될 때 비로소 우리의 소원은 현실화될 수 있다. 필자는 이와 같은 평소의 소신에 따라 통일방안에 대한 나름대로의 견해를 제시해보고 싶은 생각에서 이 글을 썼으나 발표는 미루어왔다.

남북한의 평화적인 민족 통일을 위한 제언
통일 전략을 묻다

ⓒ장재철, 2016

초판 1쇄 펴낸날 2016년 11월 17일

지은이 장재철
펴낸이 이건복
펴낸곳 도서출판 동녘

등록 제311-1980-01호 1980년 3월 25일
주소 (413-120) 경기도 파주시 회동길 77-26
전화 영업 031-955-3000 편집 031-955-3005 전송 031-955-3009

블로그 www.dongnyok.com 전자우편 editor@dongnyok.com

ISBN 978-89-7297-847-3 03340

* 잘못 만들어진 책은 바꿔 드립니다.